Hacia una enseñanza comprensiva, lúdica e integradora del
BÉISBOL ESCOLAR

WANCEULEN
EDITORIAL DEPORTIVA

Título: HACIA UNA ENSEÑANZA COMPRENSIVA, LÚDICA E INTEGRADORA DEL BÉISBOL ESCOLAR
Autor: RAFAEL M. MORALES PULGARÍN
Ilustraciones: FERNANDO G. MANCHA
Diseño de cubierta: FERNANDO G. MANCHA
Editorial: WANCEULEN EDITORIAL DEPORTIVA, S.L.
C/ Cristo del Desamparo y Abandono, 56 - 41006 SEVILLA
Tlfs 954656661 y 954921511 - Fax: 954921059
I.S.B.N.: 978-84-9823-899-0
Dep. Legal:
©Copyright: WANCEULEN EDITORIAL DEPORTIVA, S.L.
Primera Edición: Año 2009
Impreso en España: Publidisa

Reservados todos los derechos. Queda prohibido reproducir, almacenar en sistemas de recuperación de la información y transmitir parte alguna de esta publicación, cualquiera que sea el medio empleado (electrónico, mecánico, fotocopia, impresión, grabación, etc), sin el permiso de los titulares de los derechos de propiedad intelectual. Cualquier forma de reproducción, distribución, comunicación pública o transfor-mación de esta obra solo puede ser realizada con la autorización de sus titulares, salvo excepción prevista por la ley. Diríjase a CEDRO (Centro Español de Derechos Reprográficos, www.cedro.org) si necesita fotocopiar o escanear algún fragmento de esta obra.

Dedicado a Mª Carmen,
por confiar siempre en mis proyectos,
y a todos mis alumnos presentes, pasados y futuros.

PRÓLOGO

Me siento en mi cómodo sillón, en mi tranquilo despacho, en penumbra. Enciendo el ordenador y espero relajado. Abro el archivo en formato word titulado "Hacia una enseñanza comprensiva, lúdica e integradora del Béisbol escolar", firmado por Rafael Manuel Morales Pulgarín, y no puedo evitar sonreír. Sonrío pues tengo la seguridad total de que lo que voy a leer y estudiar a continuación será bueno, muy bueno... sí. Y confío también en que será, asimismo, novedoso, motivador y práctico.

Algunos días después termino de releer, por enésima vez, el "manuscrito", y, aún en la penumbra de mi despacho de paredes azules, recuerdo aquella primera sonrisa y pienso: "Lo sabía". Y, a continuación, reflexiono sobre los siguientes aspectos:

1. UNA PERFECTA LABOR DOCENTE, CUALIFICADA Y MOTIVADORA.

Tuve la fortuna de conocer a Rafa, el autor de este fantástico libro, hace casi quince años, cuando ambos comenzábamos a caminar por estos senderos de la Educación Física para Secundaria; coincidimos un par de cursos en el IES Cieza de León de Llerena (Badajoz) y, desde entonces, tras tantos institutos y tantos compañeros, muy pocos profesores he conocido que sean tan profesionales, tan serios con su labor, tan cualificados y tan motivadores. Cuando ambos obtuvimos distintos destinos y nos separaban más de trescientos kilómetros, aún seguimos colaborando y de ahí surgieron dos libros cuya autoría compartimos: La Expresión Corporal para la ESO y Juegos Populares para la ESO.

Ahora, tantos años después, lo vuelvo a reencontrar, sumido de nuevo en su perfecta labor docente y enfrascado en este volumen, dispuesto a ofreceros una ayuda inestimable a todos los que gustáis de hacer las cosas bien, a todos los estudiantes y profesionales de la Educación Física que pensamos que nuestra materia debe ser tratada en serio, pero siempre entre sonrisas.

2. UNA OBRA CONFECCIONADA 'A PIE DE OBRA'

Fernando Gómez García, maestro, especialista en Educación Física, licenciado en Geografía e Historia y pedagogo innovador donde los hubiese, en el epílogo al libro Expresión Corporal en la ESO de Rafael Morales Pulgarín y Fernando Gómez Mancha, destaca del mismo que *"no es una obra confeccionada en laboratorio por teóricos de la enseñanza... (sino que) ha sido pensada y construida por profesores que trabajan 'a pie de obra' y, por tanto, viven, sufren y sienten las necesidades diarias de sus alumnos..."*. En el libro que tenéis delante dicha aseveración se sigue manteniendo fielmente: ha nacido de la práctica diaria de un profesor de Educación Física, fruto de un sinfín de decisiones preactivas, interactivas y, sobre todo, postactivas, surgido de la reflexión y la praxis... surgido de la realidad educativa de nuestros días, de la realidad de nuestra materia y de la de nuestros alumnos.

3. UNA EDUCACIÓN FÍSICA 'TRIANGULADA'

Hace bastantes años configuré mi forma de trabajar la Educación Física como un sencillo triángulo equilátero, en cuyos vértices, caligrafiados, se puede leer lo siguiente: recreación, educación, salud. Esta sociedad es, ya de por sí, demasiado competitiva (además de una forma muy mal entendida), y me decanté por realizar, dentro de un respeto a los objetivos de la asignatura para Secundaria, unas unidades didácticas que se centrasen en:

1.- Que el alumno disfrutase realmente haciendo actividad física, que se divirtiese enormemente jugando y adquiriera el gusto por el movimiento.

2.- Que jugando, bailando, brincando, corriendo, etc., adquiriera una serie de valores de convivencia en sociedad, cooperara, respetara, aprendiera, se formara.

3.- Y que todo ello lo hiciera de forma sana y equilibrada, cuidando al máximo los detalles que evitaran lesiones o problemas de salud a corto y largo plazo, así como que se alimentaran correctamente, que se apartaran del tabaco, del alcohol y otros.

Cuando releo el libro que tenéis en vuestras manos, entiendo que Rafa y yo hemos seguido caminos paralelos, como no podía ser de otra forma.

4. UNA ENSEÑANZA COMPRENSIVA, LÚDICA E INTEGRADORA

Tanto la escuela como el instituto deben ser espacios donde los alumnos participen de una actividad física como la que Rafael, de forma tan acertada, propone en su título: comprensiva, integradora y lúdica. Más allá de los centros educativos ya podremos encontrar otras instituciones que favorezcan la formación de verdaderos y precoces niños-deportistas-prodigio, para las que la competición y el alcanzar la cima en la tabla clasificatoria sea la prioridad máxima. Pero no, la escuela no debe ser cuna de campeones, no, la escuela debe ser cuna de la educación, de la formación, de las actitudes y de los valores. La Educación Física, como su propio nombre indica, debe formar en conocimientos, procedimientos, valores y actitudes; y más aún en la actualidad, cuando éstos últimos están tan devaluados o tan ausentes.

Rafael, a través de esta propuesta, repleta de actividades prácticas, nos lleva, sin darnos cuenta, hacia la consecución de esas tres ideas: que los alumnos desarrollen su pensamiento lógico, que comprendan, se diviertan y se integren.

Y ahora me vuelvo a mi ordenador, a mi despacho, y me siento tranquilamente delante de este magnífico libro, pues estoy deseando poner en práctica, con mis propios alumnos, una unidad didáctica sobre béisbol... ¡Ah! y que sea comprensiva, lúdica e integradora.

Fernando Gómez Mancha, profesor de Educación Física de Secundaria.

INTRODUCCIÓN

No pretendo con esta obra lo que ya consiguen sobradamente los numerosos y completos libros y manuales que se pueden encontrar publicados sobre béisbol, con una explicación y un análisis detallados del reglamento, una gran documentación sobre su historia, amplios catálogos de ejercicios pormenorizados y clasificados, etc.

Mi objetivo es plantear una propuesta de enseñanza comprensiva, integradora y lúdica de este deporte.

Tradicionalmente los deportes se enseñaban partiendo de la técnica, esperándose que las habilidades tácticas las adquiriese el alumno (deportista) practicando el juego real ya por su cuenta de manera autónoma, y sin las indicaciones y orientaciones oportunas de su profesor (monitor o entrenador).

Actualmente, las nuevas corrientes de la iniciación deportiva recomiendan comenzar por el aprendizaje táctico para que, a través del planteamiento de situaciones lúdicas, el alumno sienta la necesidad de adquirir una serie de gestos y habilidades necesarios para solucionarlas y, de esta manera, pasar a abordar el aprendizaje técnico.

Mi propuesta supone intercalar táctica ("para qué") con técnica ("qué"); y esto dentro de un contexto lúdico, donde el alumno "aprenda divirtiéndose", a través de una serie de situaciones en las que desarrolle el pensamiento lógico mediante juegos modificados, y adquiera un conjunto de habilidades motrices y capacidades físicas a través de actividades y tareas atractivas y motivantes. Y siempre buscando como fin último la educación integral de los alumnos a través de la práctica y la familiarización a un deporte como es el béisbol.

Dicho planteamiento no supone una clara diferenciación ente el "para qué" y el "qué" en el trabajo, sino una interrelación constante. Sirva como ejemplo que las actividades técnicas están clasificadas siguiendo un criterio táctico, diferenciando entre ataque y defensa.

Además, las situaciones y actividades diseñadas se pueden desarrollar en su mayoría en cualquier contexto educativo, independientemente de las instalaciones (pequeñas o grandes, cubiertas o descubiertas) y del número de alumnos, por la flexibilidad del agrupamiento de los juegos propuestos.

Aparte de esta propuesta, también aparece un apartado en el que se aborda este aprendizaje y práctica del béisbol partiendo desde la táctica para a partir de ahí, desarrollar el trabajo técnico antes de pasar al juego en una situación real, utilizando las mismas sesiones y actividades que en el planteamiento anterior, pero con una secuencia en el aprendizaje diferente.

Todo esto estará ubicado dentro del ámbito escolar y aplicado a la enseñanza de la Educación Física, a partir del tercer ciclo de Primaria y de la etapa de Secundaria, pudiéndose desarrollar durante uno o varios cursos académicos y mediante una o varias unidades didácticas. También se puede aplicar a actividades deportivas extraescolares, así como para la iniciación al béisbol.

```
            PROPUESTAS
              PARA
            APRENDER A
              JUGAR
         ┌──────┴──────┐
   INTERCALANDO      DE LA TÁCTICA
   TÁCTICA CON       A LA TÉCNICA
     TÉCNICA
```

- PROPUESTA PARA APRENDER A JUGAR INTERCALANDO TÁCTICA CON TÉCNICA

INTERCALANDO TÁCTICA CON TÉCNICA

JUEGOS MODIFICADOS 1 (TÁCTICA)

↓

JUEGOS DE INICIACIÓN TÉCNICA 1

↓

JUEGOS MODIFICADOS 2 (TÁCTICA)

↓

JUEGOS DE INICIACIÓN TÉCNICA 2

↓

BÉISBOL-PIE (TÁCTICA)

↓

JUEGOS DE INICIACIÓN TÉCNICA 3

↓

SITUACIONES TÁCTICAS

↓

PRE-BÉISBOL

↓

BÉISBOL

GIMNASIO O PATIO

PATIO

INTERCALANDO TÁCTICA CON TÉCNICA

JUEGOS MODIFICADOS 1 (TÁCTICA)

- SESIÓN 1 (3 JUEGOS MODIFICADOS).
- ESPACIO REDUCIDO DE 7 m. ' 7 m.
- POCAS DIFICULTADES TÉCNICAS. PROGRESIVA INTRODUCCIÓN DE REGLAS.
- RECOMENDABLE SIN BATEO.
- SI DECIDIMOS REPETIR ESTA SESIÓN ANTES DE LAS SESIONES DE PRE-BEISBOL Y BEISBOL, SE PUEDEN HACER YA CON UN ESPACIO MAYOR Y CON BATEO.

JUEGOS DE INICIACIÓN TÉCNICA 1

- SESIONES 2 Y 3: ATAQUE Y DEFENSA (6 ACTIVIDADES).
- BATEAR, CORRER, COGER Y TIRAR 1.
- OBJETIVO: ser capaces de baear con el soporte, correr las bases, coger la pelota, tirarla y conocer y respetar las reglas del juego.

JUEGOS MODIFICADOS 2 (TÁCTICA)

- SESIÓN 4 (3 JUEGOS MODIFICADOS).
- ESPACIO REDUCIDO DE 7 m. ' 7 m.
- POCAS DIFICULTADES TÉCNICAS. PROGRESIVA INTRODUCCIÓN DE REGLAS.
- RECOMENDABLE SIN BATEO
- SI DECIDIMOS REPETIR ESTA 2 SESIÓN ANTES DE LAS SESIONES DE PRE-BEISBOL Y BEISBOL, SE PUEDEN HACER YA CON UN ESPACIO MAYOR Y CON BATEO.

JUEGOS DE INICIACIÓN TÉCNICA 2

- SESIONES 5 Y 6: ATAQUE Y DEFENSA (6 ACTIVIDADES).
- BATEAR, CORRER, COGER Y TIRAR 2.
- OBJETIVO: ser capaces de automatizar el bateo, correr las bases de forma correcta, coger la pelota de diferentes formas, tirar la pelota.

BÉISBOL-PIE (TÁCTICA)

- SESIONES 7 Y 8 (1 ACTIVIDAD CON VARIANTES).
- ESPACIO: REDUCIDO (7 m. ' 7 m.) / MAYOR 15-18 m. ' 15-18 m.
- PARA UN APRENDIZAJE TÁCTICO Y REGLAMENTARIO.
- REQUISITOS TÉCNICOS MUY SENCILLOS: PATEO DE BALÓN Y COGER-PASAR DICHO BALÓN.

JUEGOS DE INICIACIÓN TÉCNICA 3

- SESIONES 9 Y 10: ATAQUE Y DEFENSA (6 ACTIVIDADES).
- BATEAR, CORRER, COGER Y TIRAR 3.
- OBJETIVO: ser capaces de batear correctamente, arender a tocar al corredor, perfeccionar el tiro, iniciarse en el pre-beisbol.

SITUACIONES TÁCTICAS

- SESIÓN OPCIONAL.
- ACCIONES DEFENSIVAS BÁSICAS DEL JUGADOR.
- DESPAZAMIENTOS DEL CONJUNTO DE LOS DEFENSORES.

PRE-BÉISBOL

- SESIONES / PARTIDOS 11 Y 12 (1 ACTIVIDAD CON MULTITUD DE VARIANTES).
- BATEO CON SOPORTE (SIN LANZADOR).
- SIN DISCRIMINACIÓN FORZADOS/ NO FORZADOS (eliminación pisando base antes de que llegue el corredor o dando al corredor fuera de las bases, sin distinguir entre forzados y no forzados).
- REQUISITOS TÉCNICOS Y TÁCTICOS BÁSICOS: ATAQUE (bateo con soporte, correr las bases), DEFENSA (coger la pelota, tirarla, pisar las bases y dar al corredor fuera de base con la pelota).
- CONOCIMIENTO BÁSICO DEL REGLAMENTO DE PRE-BÉISBOL.

BÉISBOL

- SESIONES / PARTIDOS 13 Y 14 (1 ACTIVIDAD CON MULTITUD DE VARIANTES).
- BATEO SIN SOPORTE (CON LANZADOR).
- CON DISCRIMINACIÓN FORZADOS / NO FORZADOS.
- PROGRESIÓN EN LAS ELIMINACIONES:
- PARTIDO 1 (SESIÓN 13).ELIMINACIÓN ADAPTADA: eliminación de forzados pisando base antes de que llegue; y eliminación de no forzado dandoles con la pelota fuera de las bases.
- PARTIDO 2 (SESIÓN 14).ELIMINACIÓN REGLAMENTARIA: eliminación de forzados pisando base antes de que llegue; y eliminación de ambos dándoles con la pelota fuera de las bases.
- REQUISITOS TÉCNICOS Y TÁCTICOS AVANZADOS: ATAQUE (bateo con lanzador, correr las bases correctamente), DEFENSA (coger la pelota desde diferentes posiciones, tirarla con precisión, pisar las bases y dar al corredor fuera de base con la pelota con rapidez y corrección).
- CONOCIMIENTO BÁSICO DEL REGLAMENTO DE BÉISBOL.

- DESGLOSE DE LA PROPUESTA PARA APRENDER A JUGAR (INTERCALANDO TÁCTICA CON TÉCNICA).

JUEGOS MODIFICADOS 1 (TÁCTICA)

- SESIÓN 1 (3 JUEGOS MODIFICADOS).
- ESPACIO REDUCIDO DE 7 m. * 7 m.
- POCAS DIFICULTADES TÉCNICAS. PROGRESIVA INTRODUCCIÓN DE REGLAS.
- RECOMENDABLE SIN BATEO.
- SI DECIDIMOS REPETIR ESTA SESIÓN ANTES DE LAS SESIONES DE PRE-BÉISBOL Y BÉISBOL, SE PUEDEN HACER YA CON UN ESPACIO MAYOR Y CON BATEO.

SESIÓN 1. JUEGOS MODIFICADOS 1 (TÁCTICA 1)

ACTIVIDAD 1: LAS CUATRO ESQUINAS

- Familiarización con el Espacio de Juego (4 bases).
- Adquisición Práctica de Conceptos Tácticos: de Ataque (correr de una base a otra y llegar antes que un adversario) y Defensa (recuperar una base cuando la hemos perdido llegando antes que cualquier adversario).
- Asimilación de la Eliminación de un Corredor Forzado: en beisbol, una de las formas de eliminar a un corredor forzado es cuando un defensor llega a la base que ese corredor está obligado a alcanzar antes que él, pero con la pelota en su posesión (esta actividad 1 se realiza sin pelota, por eso se perderá la base si alguien llega antes que nosotros).

Grupos de 6 alumnos (en total, entre 3 y 4).

Cuadrado de 7 m. * 7 m. delimitado por 4 aros (en total, entre 3 y 4 cuadrados).

4 aros por grupo (en total entre 12 y 16).

4 alumnos (serían los atacantes) se encuentran dentro de cada uno de los 4 aros que se encuentran formando un cuadrado y otros 2 alumnos (serían los defensores) están ubicados dentro de ese cuadrado imaginario.

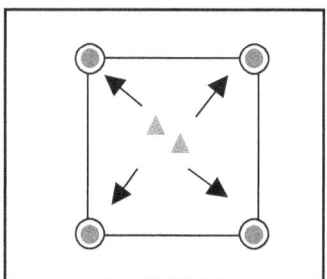

A la señal del profesor, todos los alumnos (los que ya estaban dentro de un aro y los que no) corren con el objetivo de pisar un aro antes que cualquier compañero. Los 2 alumnos que se queden sin aro, pasarán al cuadrado.

Prohibido comenzar a correr antes de la señal.

Dando la señal uno de los del centro.

ACTIVIDAD 2: ELIMINAMOS AL CORREDOR FORZADO

- Objetivos de Actividad 1.
- Familiarización con el Orden de las Bases (1ª, 2ª, 3ª y 4ª bases).
- Introducción de la Pelota como móvil del juego.
- Asimilación de la Acción Ofensiva denominada Carrera (correr de una base a otra por orden y sin ser eliminados, supone anotarse una carrera cuando llegan a la 4ª base).
- Asimilación de la Acción Defensiva de Eliminación de un Corredor Forzado, introduciendo ya la pelota: igual que en "las 4 esquinas", pero ahora con pelota. Posibilidad de Eliminación en Diferentes Bases.

1 Grupo de 18 alumnos y 2 Equipos de 9 alumnos cada uno (en el caso de que dispongamos de poco espacio) / 2 Grupos de 12 alumnos y 2 Equipos de 6 alumnos cada uno.

Cuadrado de 7 m. * 7 m. delimitado por 4 aros (bases) que tendrán un orden (1ª, 2ª, 3ª y 4ª bases) y una Línea señalada a 7 m. del cuadrado (en total, entre 1 y 2 cuadrados).

4 aros y 1 pelota por grupo (en total, entre 4 – 8 aros y 1 - 2 pelotas, que pueden ser de tenis).

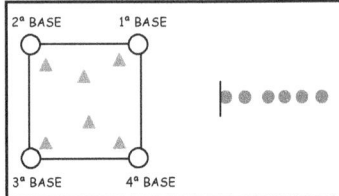

El equipo que empezará defendiendo se ubica dentro del cuadrado de los aros y el que comenzará atacando estarán fuera de esta zona y lanzarán (aún no batearán) desde una señal colocada a 7 m. de la 1ª base.

Los jugadores atacantes, y de uno en uno, lanzarán la pelota desde la señal marcada y de espaldas al campo, teniendo que caer dicha pelota dentro del cuadrado delimitado por los 4 aros para que el lanzamiento sea válido. A partir de ahí, el lanzador correrá a primera base para seguir avanzando en orden y anotar carrera. A continuación lanzará el segundo atacante y así sucesivamente.

EJEMPLO

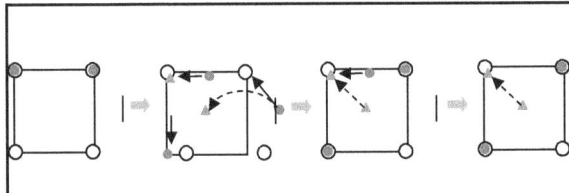

Hay un corredor en 1ª base y otro en 2ª. Al lanzar la pelota otro compañero, estos avanzan obligatoriamente una base, ocupando respectivamente las 2ª y 3ª bases y ocupando la 1ª el lanzador. Pero si un defensor coge la pelota lanzada y la pasa a un compañero que, al recibirla, pisa la 2ª base antes que el corredor que estaba en 1ª, entonces éste será eliminado. Los otros corredores no serán eliminados, así que ahora habrá uno en 1ª base y otro en 3ª.

- Cambio de roles cuando hayan lanzado todos los atacantes, pasando los lanzadores a defender y viceversa.
- El equipo atacante consigue una carrera cuando un atacante corre de una base a otra por orden y sin ser eliminado, cumpliendo las reglas.
- Todos los corredores están forzados a avanzar siempre cuando un compañero atacante lance la pelota.
- Prohibido avanzar más de una base (ni si quiera el lanzador).
- Un corredor forzado (incluido el lanzador) es eliminado por un defensor, pisando éste último la base a la que está obligado a avanzar el corredor antes que dicho corredor la alcance, pero el defensor que lo elimine debe tener la pelota en posesión (corredor forzado).

Hacer esta actividad en un espacio mayor y con bateo (si ya supiesen batear).

ACTIVIDAD 3: ELIMINAMOS COGIENDO LA PELOTA AL AIRE

- Objetivos de Actividades 1 y 2.
- Conocimiento y Práctica de Nuevas Formas de Eliminación.
- Asimilación de la Acción Defensiva de Eliminación del Lanzador atrapando pelota al aire ("Fly").

1 Grupo de 18 alumnos y 2 Equipos de 9 alumnos cada uno (en el caso de que dispongamos de poco espacio) / 2 Grupos de 12 alumnos y 2 Equipos de 6 alumnos cada uno.

Cuadrado de 7 m. * 7 m. delimitado por 4 aros (bases) que tendrán un orden (1ª, 2ª, 3ª y 4ª bases) y una Línea señalada a 7 m. del cuadrado (en total, entre 1 y 2 cuadrados).

4 aros y 1 – 2 pelotas por grupo (en total, entre 4 – 8 aros y 2 - 4 pelotas, que pueden ser de tenis).

El equipo que empezará defendiendo se ubica dentro del cuadrado de los aros y el que comenzará atacando estarán fuera de esta zona y lanzarán (aún no batearán) desde una señal colocada a 7 m. de la 1ª base.

Los jugadores atacantes, y de uno en uno, lanzarán la pelota desde la señal marcada y de espaldas al campo, teniendo que caer dicha pelota dentro del cuadrado delimitado por los 4 aros para que el lanzamiento sea válido. A partir de ahí, el lanzador correrá a primera base para seguir avanzando en orden y anotar carrera. A continuación lanzará el segundo atacante y así sucesivamente.

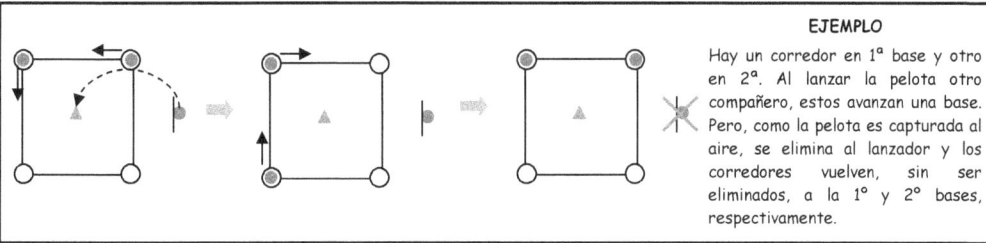

EJEMPLO

Hay un corredor en 1ª base y otro en 2ª. Al lanzar la pelota otro compañero, estos avanzan una base. Pero, como la pelota es capturada al aire, se elimina al lanzador y los corredores vuelven, sin ser eliminados, a la 1º y 2º bases, respectivamente.

- Normas de Actividad 2:
    - Cambio de roles cuando hayan lanzado todos los atacantes, pasando los lanzadores a defender y viceversa.
    - El equipo atacante consigue una carrera cuando un atacante corre de una base a otra por orden y sin ser eliminado, cumpliendo las reglas.
    - Todos los corredores están forzados a avanzar siempre cuando un compañero atacante lance la pelota.
    - Prohibido avanzar más de una base (ni si quiera el lanzador).
    - Un corredor (incluido el lanzador) es eliminado por un defensor, pisando éste último la base a la que está obligado a avanzar el corredor antes que dicho corredor la alcance, pero el defensor que lo elimine debe tener la pelota en posesión (corredor forzado).
- El lanzador también podrá ser eliminado cuando su pelota lanzada sea capturada al aire por un defensor ("Fly"). En este caso, los corredores permanecerán en la base en la que estaban antes de lanzar su compañero y si hubieran avanzado alguna, regresarían a su base original, pero no serían eliminados con dicho "fly".

Hacer esta actividad en un espacio mayor y con bateo (si ya supiesen batear).

JUEGOS DE INICIACIÓN TÉCNICA 1

- SESIONES 2 Y 3: ATAQUE Y DEFENSA (6 ACTIVIDADES).
- BATEAR, CORRER, COGER Y TIRAR 1.
- OBJETIVO: ser capaces de baear con el soporte, correr las bases, coger la pelota, tirarla y conocer y respetar las reglas del juego.

SESIÓN 2. BATEAR Y CORRER 1 (ATAQUE 1)

ACTIVIDAD 4: BATEAMOS SIN PELOTAS

- Conocer y Practicar la Técnica del Gesto del Bateo.
- Mejorar la Coordinación óculo - manual.

Grupos de 6 alumnos (en total, entre 3 y 4).

Cada grupo situados tras una línea delimitada por 2 conos. Separados unos grupos de otros a una distancia considerable y segura.

1 bate, 1 soporte (que puede ser construido con conos o de otras maneras) y 2 conos por grupo (en total, entre 3 y 4 bates, 3 y 4 soportes, y 6 y 8 conos).

6 alumnos en fila india, el primero con el bate bien cogido y con el soporte sin pelota.

A la señal del profesor, el primer alumno de cada grupo realiza el gesto del bateo intentando hacerlo de la forma más correcta posible. El segundo alumno lo observa y anota en la hoja de observación si lo ha realizado bien o qué defectos ha cometido.

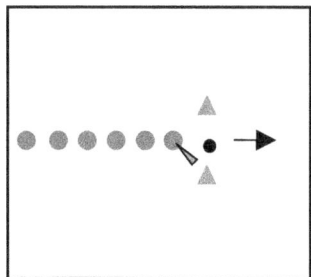

- Prohibido comenzar a batear antes de la señal.
- Cada alumno realizará tandas de 5 bateos seguidos.
- Sujetar el bate para que no salga despedido.
- El siguiente alumno rellena la hoja de observación, con un "SÍ" en aquellos criterios que el alumno bateador ha ejecutado de forma correcta y con un "NO" en el caso contrario.

	CRITERIOS A COMPROBAR	SÍ	NO
ANTES	Situado lateralmente con respecto al soporte de bateo		
ANTES	Coge el bate con mano izquierda abajo y derecha arriba		
ANTES	Pies separados a altura de hombros		
DURANTE	Realiza correctamente el swing con enrollamiento de tronco, hombros, caderas y brazos sobe el eje de la columna vertebral		
DURANTE	Da un paso con el pie izquierdo hacia el lanzador y rota pie derecho pivotando y elevando el talón		
DURANTE	Batea con los brazos extendidos		
DESPUÉS	Termina el swing con las manos sobre el hombro izquierdo		
DESPUÉS	Mantiene el equilibrio		
DESPUÉS	Deja el bate en el suelo sin fuerza		

ACTIVIDAD 5: CORREMOS RÁPIDO POR RELEVOS

OBJETIVO DEL JUEGO:
- Mejorar la Agilidad de movimientos y la Velocidad de reacción.
- Aprender a Correr las Bases.
- Familiarizarse con las 4 Bases.

ORGANIZACIÓN: 1 Grupo de 20 - 24 alumnos y 2 Equipos de 10 -12 alumnos cada uno (en el caso de que dispongamos de poco espacio) / 2 Grupos de 10 - 12 alumnos y 2 Equipos de 5 - 6 alumnos cada uno.

ESPACIO: Cuadrado de 7 m. * 7 m. delimitado por 4 aros o conos (bases) que tendrán un orden (1ª, 2ª, 3ª y 4ª bases) y una Línea señalada a 7 m. del cuadrado (en total, 1 – 2 cuadrados).

MATERIAL: 4 aros por grupo (en total, entre 4 - 8 aros).

PLANTEAMIENTO INICIAL: 2 equipos de jugadores situados uno en la base-meta y otro en la 2ª base.

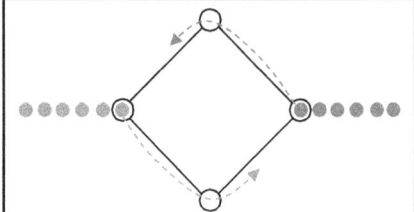

DESARROLLO: A la señal del profesor salen, uno por equipo, a realizar el recorrido lo antes posible, siempre pisando las bases, dando el relevo a otro compañero.

NORMAS:
- Prohibido comenzar a correr antes de la señal.
- El corredor ha de pisar las 4 bases por orden.
- Gana el equipo que finaliza primero.

SESIÓN 3. COGER Y TIRAR 1 (DEFENSA 1)

ACTIVIDAD 6: COGEMOS Y TIRAMOS

- Capturar con las Manos correctamente Pelotas Rodadas.
- Lanzar Pelotas de forma correcta.
- Mejorar la Precisión y la Velocidad de las Capturas y Lanzamientos.
- Mejorar la Coordinación óculo - manual.

Grupos de 6 alumnos (en total, entre 3 y 4 grupos).

Cada grupo situados a 5 m. de una pared, tras una línea delimitada por 2 conos. Separados unos grupos de otros a una distancia considerable y segura.

1 pelota y 2 conos por grupo (en total, entre 3 y 4 pelotas y 6 - 8 conos).

6 alumnos en fila india, el primero con la pelota cogida y frente a la pared.

A la señal del profesor, el primer alumno de cada grupo lanza la pelota contra la pared y tras golpear en ella, la recoge rodando por el suelo. Realizará este gesto 10 veces consecutivas, contando el número de veces que realiza el gesto de forma satisfactoria. A continuación, el siguiente alumno realizará la misma acción.

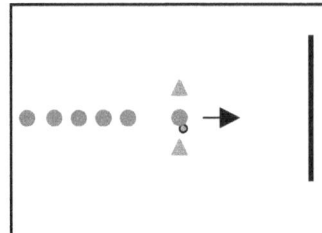

- Prohibido comenzar el juego antes de la señal.
- Cada alumno realizará tandas de 10 lanzamientos y recepciones seguidos.
- Cada recepción rodada correcta sumará 1 punto a ese equipo, ganando el equipo que consiga más puntos.

CAPTURAS Y LANZAMIENTOS DENTRO DE LAS 4 BASES: 4 compañeros del grupo, cada uno situado en una base separada entre sí 7 m., formando un cuadrado; a la señal, pasarse la pelota rodando y por orden (de la base 1 a la 2, de la 2 a la 3, de la 3 a la 4 y de la 4 a la 1), ganando el equipo que antes lo consiga (y así practicarán capturas y lanzamientos de pelota, dentro del campo de juego, familiarizándose con las bases, asimilando de esta manera aspectos tácticos de espacio de juego a través de ejercicios de técnica de lanzamientos y capturas).

CAPTURAS Y LANZAMIENTOS DENTRO DE UN JUEGO MÁS GLOBAL: Igual que a variante anterior, pero ahora, al mismo tiempo, los otros 2 alumnos del grupo corren alrededor del cuadrado tratando de llegar antes a la base 1 que la pelota (y así los 4 alumnos que están en las bases practicarán capturas y lanzamientos de pelota, dentro del campo de juego, y los 2 que corren alrededor practicarán carreras, familiarizándose todos con las bases, asimilando de esta manera aspectos tácticos de espacio de juego y comprensión de reglas del juego a través de ejercicios de técnica de lanzamientos y capturas, así como de carreras).

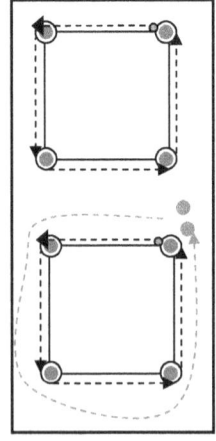

ACTIVIDAD 7: COGEMOS PELOTAS AL AIRE

- Capturar con las manos correctamente pelotas al aire (Flys).
- Lanzar Pelotas a distancias medias / largas de forma correcta.
- Mejorar la Precisión y la Velocidad de las Capturas y Lanzamientos.
- Mejorar la Coordinación óculo - manual.

Grupos de 6 alumnos (en total, entre 3 y 4 grupos).

Cada grupo necesita un espacio aproximado de 20 * 5 m. Separados unos grupos de otros a una distancia considerable y segura.

1 pelota y opcionalmente 2 conos por grupo (en total, entre 3 - 4 pelotas y 6 - 8 conos).

Grupos de 6 alumnos, en 2 filas indias enfrente una de otra con una separación de 8 m.

DESARROLLO: A la señal del profesor, el primer alumno de una fila lanza una volea (fly) al primer alumno de la otra fila. Después de la captura cada alumno se coloca al final de la fila contraria. A continuación, los siguientes primeros alumnos de cada fila realizarán la misma acción.

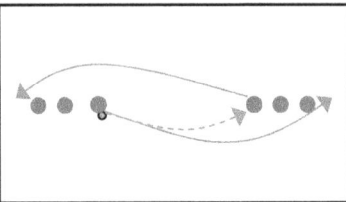

NORMAS:
- Prohibido comenzar el juego antes de la señal.
- Para realizar el lanzamiento de volea, el alumno realizará un impulso con un saltito.
- Cada recepción correcta de fly sumará 1 punto a ese equipo, ganando el equipo que consiga más puntos.

VARIANTES:

CAPTURAS AL AIRE Y LANZAMIENTOS DE VOLEAS DENTRO DE LAS 4 BASES: 4 compañeros del grupo, cada uno situado en una base separada entre sí 7 m., formando un cuadrado; a la señal, lanzarse la pelota en volea y por orden (de la base 1 a la 2, de la 2 a la 3, de la 3 a la 4 y de la 4 a la 1), ganando el equipo que antes lo consiga (y así practicarán capturas al aire y lanzamientos en voleas, dentro del campo de juego, familiarizándose con las bases, asimilando de esta manera aspectos tácticos de espacio de juego a través de ejercicios de técnica de lanzamientos y capturas).

CAPTURAS AL AIRE Y LANZAMIENTOS DE VOLEAS DENTRO DE UN JUEGO MÁS GLOBAL: Igual que a variante anterior, pero ahora, al mismo tiempo, los otros 2 alumnos del grupo corren alrededor del cuadrado tratando de llegar antes a la base 1 que la pelota (y así los 4 alumnos que están en las bases practicarán capturas en fly y lanzamientos en volea de pelota, dentro del campo de juego, y los 2 que corren alrededor practicarán carreras, familiarizándose todos con las bases, asimilando de esta manera aspectos tácticos de espacio de juego y comprensión de reglas del juego a través de ejercicios de técnica de lanzamientos y capturas, así como de carreras).

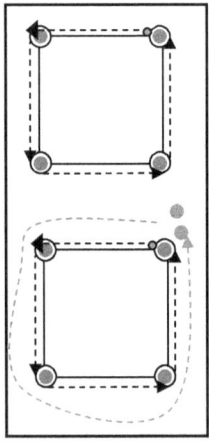

ACTIVIDAD 8: MEJORAMOS EL AGARRE

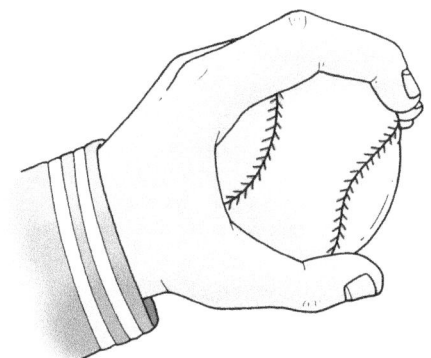

OBJETIVO DEL JUEGO:

- Familiarizarse con el Agarre de pelotas y la rotación del brazo al lanzar.
- Perfeccionar Agarres y posición del brazo en los lanzamientos.
- Mejorar la Coordinación óculo - manual.

ORGANIZACIÓN: Grupos de 6 alumnos (en total, entre 3 y 4 grupos).

ESPACIO: Cada grupo necesita un espacio aproximado de 15 * 5 m. Separados unos grupos de otros a una distancia considerable y segura.

MATERIAL: 1 pelota, 2 conos y opcionalmente 2 guantes (pero no son imprescindibles) por grupo (en total, 3 - 4 pelotas, 6 - 8 conos y 6 - 8 guantes).

PLANTEAMIENTO INICIAL: Grupos de 6 alumnos, en 2 filas indias enfrente una de otra con una separación de 5 m.

DESARROLLO: A la señal del profesor, el primer alumno de cada fila se arrodilla con el pie del lado del guante / mano receptora hacia adelante y tiran la pelota de manera correcta hacia el guante del alumno de la otra fila. Después de la captura /agarre cada alumno se coloca al final de la fila contraria. A continuación, los siguientes primeros alumnos de cada fila realizarán la misma acción.

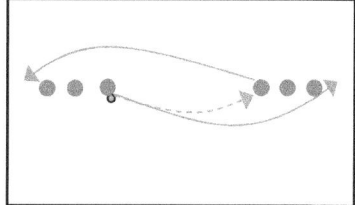

NORMAS:

- Prohibido comenzar el juego antes de la señal.
- Para realizar el lanzamiento, el alumno estará arrodillado con el pie del lado del guante / mano receptora hacia adelante.
- Cada lanzamiento y agarre / recepción correctos sumarán 1 punto a ese equipo, ganando el equipo que consiga más puntos.

VARIANTES:

AGARRES Y TIROS DE RODILLAS DENTRO DE LAS 4 BASES: 4 compañeros del grupo, cada uno situado en una base separada entre sí 7 m., formando un cuadrado; a la señal, lanzarse la pelota estando de rodillas y por orden (de la base 1 a la 2, de la 2 a la 3, de la 3 a la 4 y de la 4 a la 1), ganando el equipo que antes lo consiga (y así practicarán agarres y lanzamientos de rodillas, dentro del campo de juego, familiarizándose con las bases, asimilando de esta manera aspectos tácticos de espacio de juego a través de ejercicios de técnica de tiros y agarres).

AGARRES Y TIROS DE RODILLAS DENTRO DE UN JUEGO MÁS GLOBAL: Igual que a variante anterior, pero ahora, al mismo tiempo, los otros 2 alumnos del grupo corren alrededor del cuadrado tratando de llegar antes a la base 1 que la pelota (y así los 4 alumnos que están en las bases practicarán agarres y tiros de rodillas, dentro del campo de juego, y los 2 que corren alrededor practicarán carreras, familiarizándose todos con las bases, asimilando de esta manera aspectos tácticos de espacio de juego y comprensión de reglas del juego a través de ejercicios de técnica de tiros y agarres, así como de carreras).

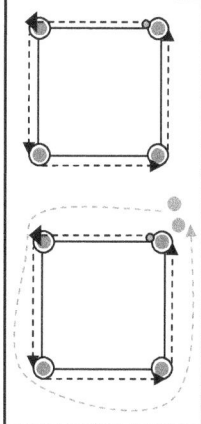

ACTIVIDAD 9: MEJORAMOS LA PRECISIÓN EN EL LANZAMIENTO

- Mejorar la Precisión en los Lanzamientos.
- Desarrollar la Coordinación óculo – manual.

Grupos de 6 alumnos (en total, entre 3 y 4 grupos).

Cada grupo situados a 10 m. de una pared, tras una línea delimitada por 2 conos. Separados unos grupos de otros a una distancia considerable y segura.

5 pelotas y 2 conos por grupo (en total, entre 15 y 20 pelotas y 6 - 8 conos).

6 alumnos en fila india, el primero con una pelota cogida y frente a una diana dibujada sobre una pared. El siguiente alumno con varias pelotas en su poder.

A la señal del profesor, el primer alumno de cada grupo lanza las pelotas contra la diana, obteniendo los puntos correspondientes a las zonas de la diana donde consiga dar (mientras se acerque más al centro, mayor será la puntuación). Realizará este gesto 10 veces consecutivas, siendo el siguiente alumno el que le va dando las pelotas. A continuación, el siguiente alumno realizará la misma acción.

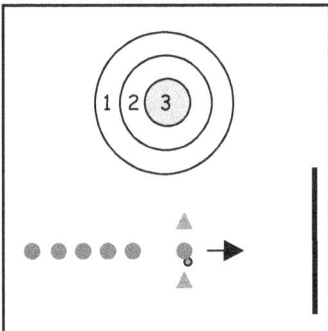

- Prohibido comenzar el juego antes de la señal.
- Cada alumno realizará tandas de 10 lanzamientos.
- Cada lanzamiento sumará los puntos que señale la diana, ganando en cada equipo el lanzador con más puntos.

LANZAMIENTOS DE PRECISIÓN POR EQUIPOS: Igual que el anterior juego con la salvedad de que la competición es entre equipos, ganando el equipo que obtenga mayor puntuación al sumar los puntos de todos los componentes del equipo.

JUEGOS MODIFICADOS 2 (TÁCTICA)

- SESIÓN 4 (3 JUEGOS MODIFICADOS).
- ESPACIO REDUCIDO DE 7 m. * 7 m.
- POCAS DIFICULTADES TÉCNICAS. PROGRESIVA INTRODUCCIÓN DE REGLAS.
- RECOMENDABLE SIN BATEO
- SI DECIDIMOS REPETIR ESTA 2 SESIÓN ANTES DE LAS SESIONES DE PRE-BÉISBOL Y BÉISBOL, SE PUEDEN HACER YA CON UN ESPACIO MAYOR Y CON BATEO.

SESIÓN 4. JUEGOS MODIFICADOS 2 (TÁCTICA 2)

ACTIVIDAD 10: ELIMINAMOS DE MÁS FORMAS, COGIENDO LA PELOTA AL AIRE

- Objetivos de Actividades 1, 2 y 3.
- Asimilación de la Acción Defensiva de Eliminación del Corredor atrapando pelota al aire ("Fly").
- Conocimiento y Práctica de Reglas del Beisbol, aprendiendo la Eliminación ante un Fly.

1 Grupo de 18 alumnos y 2 Equipos de 9 alumnos cada uno (en el caso de que dispongamos de poco espacio) / 2 Grupos de 12 alumnos y 2 Equipos de 6 alumnos cada uno.

Cuadrado de 7 m. * 7 m. delimitado por 4 aros (bases) que tendrán un orden (1ª, 2ª, 3ª y 4ª bases) y una Línea señalada a 7 m. del cuadrado (en total, entre 1 y 2 cuadrados).

4 aros y 1 pelota (puede ser de tenis) por grupo (en total, entre 4 - 8 aros y 1 - 2).

El equipo que empezará defendiendo se ubica dentro del cuadrado de los aros y el que comenzará atacando estarán fuera de esta zona y lanzarán (aún no batearán) desde una señal colocada a 7 m. de la 1ª base.

Los jugadores atacantes, y de uno en uno, lanzarán la pelota desde la señal marcada y de espaldas al campo, teniendo que caer dicha pelota dentro del cuadrado delimitado por los 4 aros para que el lanzamiento sea válido. A partir de ahí, el lanzador correrá a primera base para seguir avanzando en orden y anotar carrera. A continuación lanzará el segundo atacante y así sucesivamente.

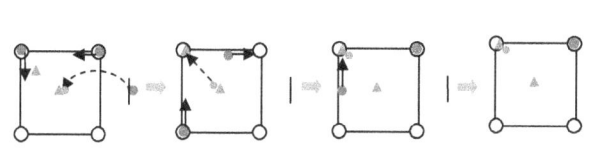

EJEMPLO

Hay un corredor en 1ª base y otro en 2ª. Al lanzar la pelota otro compañero, estos avanzan una base. Un defensor coge la pelota al aire, quedando eliminado el lanzador y los corredores deben volver a pisar la 1ª y la 2ª base respectivamente. Pero si el defensor que atrapa la pelota la pasa a su compañero de 2ª y éste pisa la base antes de que vuelva el corredor que estaba en 2ª, éste será eliminado. Y entonces, en esta jugada han sido eliminados 2 jugadores, quedado un solo corredor en 1ª base.

- Normas de Actividad 3:
    - Cambio de roles cuando hayan lanzado todos los atacantes, pasando los lanzadores a defender y viceversa.
    - El equipo atacante consigue una carrera cuando un atacante corre de una base a otra por orden y sin ser eliminado, cumpliendo las reglas.
    - Todos los corredores están forzados a avanzar siempre cuando un compañero atacante lance la pelota.
    - Prohibido avanzar más de una base (ni si quiera el lanzador).
    - Un corredor forzado (incluido el lanzador) es eliminado por un defensor, pisando éste último la base a la que está obligado a avanzar el corredor antes que dicho corredor la alcance, pero el defensor que lo elimine debe tener la pelota en posesión (corredor forzado).
    - El lanzador también podrá ser eliminado cuando su pelota lanzada sea capturada al aire por un defensor ("Fly").

- En el caso de un fly, si los corredores permanecen en la base en la que estaban antes de lanzar su compañero no serán eliminados con dicho "fly". Pero si han salido de su base, ahora no se detendrá la jugada, sino que deberán volver a pisarla rápidamente, pudiendo ser eliminados. Estos corredores que sí han abandonado su base antes de que la pelota sea atrapada al aire, serán eliminados si un defensor con la pelota en su posesión, toca la base antes de que vuelva a tocarla o pisarla este corredor (corredor ante un fly).

Hacer esta actividad en un espacio mayor y con bateo (si ya supiesen batear).

ACTIVIDAD 11: ELIMINAMOS AL CORREDOR NO FORZADO

- Objetivos de Actividades 1, 2, 3 y 10.
- Conocimiento y Práctica de Reglas del Béisbol, diferenciando entre la Eliminación de Corredores Forzados y No Forzados.

1 Grupo de 18 alumnos y 2 Equipos de 9 alumnos cada uno (en el caso de que dispongamos de poco espacio) / 2 Grupos de 12 alumnos y 2 Equipos de 6 alumnos cada uno.

Cuadrado de 7 m. * 7 m. delimitado por 4 aros (bases) que tendrán un orden (1ª, 2ª, 3ª y 4ª bases) y una Línea señalada a 7 m. del cuadrado (en total, entre 1 y 2 cuadrados).

4 aros y 1 pelota (puede ser de tenis) por grupo (en total, entre 4 – 8 aros y 1 - 2 pelotas).

El equipo que empezará defendiendo se ubica dentro del cuadrado de los aros y el que comenzará atacando estarán fuera de esta zona y lanzarán (aún no batearán) desde una señal colocada a 7 m. de la 1ª base.

Los jugadores atacantes, y de uno en uno, lanzarán la pelota desde la señal marcada y de espaldas al campo, teniendo que caer dicha pelota dentro del cuadrado delimitado por los 4 aros para que el lanzamiento sea válido. A partir de ahí, el lanzador correrá a primera base para seguir avanzando en orden y anotar carrera. A continuación lanzará el segundo atacante y así sucesivamente.

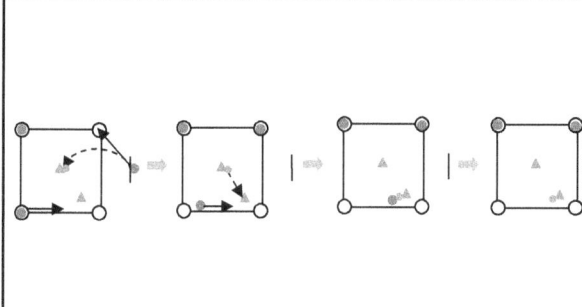

EJEMPLO

Hay un corredor en 1ª base y otro en 3ª. Al lanzar la pelota otro compañero, estos pueden permanecer en sus bases, ya que no provocaría que se junten 2 corredores en una misma base (son corredores no forzados). Aún así, el de 3ª base decide avanzar a la siguiente. El defensor que ha cogido la pelota lanzada la pasa al defensor de la 4ª base y al recibirla toca al corredor, siendo eliminado. Ahora están un corredor (el lanzador) en 1ª base y otro en 2ª (no se movió de ésta).

Aunque el corredor de 2ª hubiera corrido a 3ª, el de esta base se habría eliminado igual si hubiera avanzado ya que el de 2ª no era forzado, por lo que no obliga al de 3ª base a avanzar. Incluso si el de 2ª va a 3ª y el de esta base no avanza, el anterior puede volver a 2ª para no ser

- Normas iguales de la Actividad 10:
    - Cambio de roles cuando hayan lanzado todos los atacantes, pasando los lanzadores a defender y viceversa.
    - El equipo atacante consigue una carrera cuando un atacante corre de una base a otra por orden y sin ser eliminado, cumpliendo las reglas.
    - Prohibido avanzar más de una base (ni si quiera el lanzador).
    - El lanzador también podrá ser eliminado cuando su pelota lanzada sea capturada al aire por un defensor ("Fly").
    - En el caso de un fly, si los corredores permanecen en la base en la que estaban antes de lanzar su compañero no serán eliminados con dicho "fly". Pero si han salido de su base, ahora no se detendrá la jugada, sino que deberán volver a pisarla rápidamente, pudiendo ser eliminados. Estos corredores que sí han abandonado su base antes de que la pelota sea atrapada al aire, serán eliminados si un defensor con la pelota en su posesión, toca la base antes de que vuelva a tocarla o pisarla este corredor (corredor ante un fly).
- Normas modificadas de la Actividad 10:
    - CORREDOR FORZADO: sólo aquellos que tienen todas sus bases precedentes ocupadas por compañeros y están obligados a avanzar base tras el lanzamiento. Es eliminado por un defensor, pisando éste último la base a la que está obligado a avanzar el corredor antes de que dicho corredor la alcance, pero el defensor que lo elimine debe tener la pelota en su posesión.

(En el prebéisbol, el corredor forzado también podría ser eliminado si está entre bases y es tocado por un defensor con la pelota en su poder, pero esta regla no se tendrá en cuenta aún).

- Normas Nuevas:
- CORREDOR NO FORZADO: los corredores podrán permanecer en su base, incluso después de haber sido lanzada la pelota (si esto no obliga a 2 corredores a juntarse en la misma base y esto sucede cuando hay alguna base precedente libre). Nunca se pueden juntar 2 corredores en una base. Un corredor no forzado (aquel que no está obligado a correr, pudiendo permanecer en su base) es eliminado cuando decide avanzar a la siguiente base y está fuera de las bases y un defensor consigue tocarlo con la pelota en su poder sin que ésta se le caiga al suelo.

CONCEPTOS A RECORDAR:

Explicar a los alumnos defensores que observen la situación del juego antes de que la pelota sea lanzada para, de esta manera, poder identificar a los corredores forzados y no forzados, porque serán eliminados de forma diferente:
- CORREDOR FORZADO: si están ocupadas todas las bases precedentes a la suya. Forma de eliminarlo: pisando la base a la que están obligados a avanzar antes de que la alcance.
(En el prebéisbol, el corredor forzado también podría ser eliminado si está entre bases y es tocado por un defensor con la pelota en su poder, pero esta regla no se tendrá en cuenta aún).
- CORREDOR NO FORZADO: si no están ocupadas todas las bases precedentes a la suya. Forma de eliminarlo: tocándolo fuera de las bases.

Hacer esta actividad en un espacio mayor y con bateo (si ya supiesen batear).

ACTIVIDAD 12: SI EL CORREDOR FORZADO SE CONVIERTE EN NO FORZADO

- Objetivos de Actividades 1, 2, 3, 10 y 11.
- Conocimiento y Práctica de Reglas del Béisbol, diferenciando entre la Eliminación de Corredores Forzados y No Forzados y de cuando un corredor forzado se convierte en no forzado.

1 Grupo de 18 alumnos y 2 Equipos de 9 alumnos cada uno (en el caso de que dispongamos de poco espacio) / 2 Grupos de 12 alumnos y 2 Equipos de 6 alumnos cada uno.

Cuadrado de 7 m. * 7 m. delimitado por 4 aros (bases) que tendrán un orden (1ª, 2ª, 3ª y 4ª bases) y una Línea señalada a 7 m. del cuadrado (en total, entre 1 y 2 cuadrados).

4 aros y 1 pelota (pueden ser de tenis) por grupo (en total, entre 4 - 8 aros y 1 - 2 pelotas).

El equipo que empezará defendiendo se ubica dentro del cuadrado de los aros y el que comenzará atacando estarán fuera de esta zona y lanzarán (aún no batearán) desde una señal colocada a 7 m. de la 1ª base.

Los jugadores atacantes, y de uno en uno, lanzarán la pelota desde la señal marcada y de espaldas al campo, teniendo que caer dicha pelota dentro del cuadrado delimitado por los 4 aros para que el lanzamiento sea válido. A partir de ahí, el lanzador correrá a primera base para seguir avanzando en orden y anotar carrera. A continuación lanzará el segundo atacante y así sucesivamente.

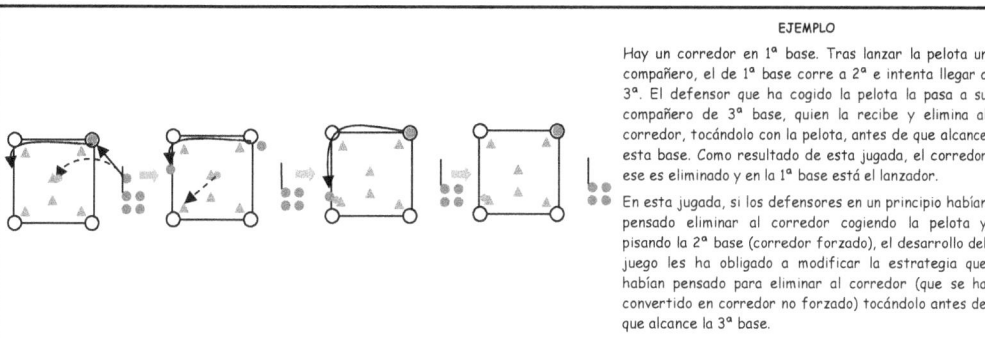

EJEMPLO

Hay un corredor en 1ª base. Tras lanzar la pelota un compañero, el de 1ª base corre a 2ª e intenta llegar a 3ª. El defensor que ha cogido la pelota la pasa a su compañero de 3ª base, quien la recibe y elimina al corredor, tocándolo con la pelota, antes de que alcance esta base. Como resultado de esta jugada, el corredor ese es eliminado y en la 1ª base está el lanzador.

En esta jugada, si los defensores en un principio habían pensado eliminar al corredor cogiendo la pelota y pisando la 2ª base (corredor forzado), el desarrollo del juego les ha obligado a modificar la estrategia que habían pensado para eliminar al corredor (que se ha convertido en corredor no forzado) tocándolo antes de que alcance la 3ª base.

- Normas de la Actividad 11:
    - Cambio de roles cuando hayan lanzado todos los atacantes, pasando los lanzadores a defender y viceversa.
    - El equipo atacante consigue una carrera cuando un atacante corre de una base a otra por orden y sin ser eliminado, cumpliendo las reglas.
    - Prohibido avanzar más de una base (ni si quiera el lanzador).
    - El lanzador también podrá ser eliminado cuando su pelota lanzada sea capturada al aire por un defensor ("Fly").
    - En el caso de un fly, si los corredores permanecen en la base en la que estaban antes de lanzar su compañero no serán eliminados con dicho "fly". Pero si han salido de su base, ahora no se detendrá la jugada, sino que deberán volver a pisarla rápidamente, pudiendo ser eliminados. Estos corredores que sí han abandonado su base antes de que la pelota sea atrapada al aire, serán eliminados si un defensor con la pelota en su posesión, toca la base antes de que vuelva a tocarla o pisarla este corredor (corredor ante un fly).
    - CORREDOR FORZADO: sólo aquellos que tienen todas sus bases precedentes ocupadas por compañeros y están obligados a avanzar base tras el lanzamiento. Es eliminado por un defensor, pisando éste último la base a la que está obligado a avanzar el corredor antes de que dicho corredor la alcance, pero el defensor que lo elimine debe tener la pelota en posesión.
    (En el prebéisbol, el corredor forzado también podría ser eliminado si está entre bases y es tocado por un defensor con la pelota en su poder, pero esta regla no se tendrá en cuenta aún).
    - CORREDOR NO FORZADO: los corredores podrán permanecer en su base, incluso después de haber sido lanzada la pelota (si esto no obliga a 2 corredores a juntarse en la misma base y esto sucede cuando hay alguna base precedente libre).

Nunca se pueden juntar 2 corredores en una base. Un corredor no forzado (aquel que no está obligado a correr, pudiendo permanecer en su base) es eliminado cuando decide avanzar a la siguiente base y está fuera de las bases y un defensor consigue tocarlo con la pelota en su poder sin que ésta se le caiga al suelo.

- CORREDOR NO FORZADO A AVANZAR MÁS DE UNA BASE: cualquier corredor puede intentar avanzar todas las bases que quiera. Si un corredor o lanzador avanza más de una base podrá ser eliminado si un defensor lo toca con la pelota fuera de las bases.

Explicar a los alumnos defensores que observen la situación del juego antes de que la pelota sea lanzada para, de esta manera, poder identificar a los corredores forzados y no forzados, porque serán eliminados de forma diferente:

- CORREDOR FORZADO: si están ocupadas todas las bases precedentes a la suya. Forma de eliminarlo: pisando la base a la que están obligados a avanzar antes de que la alcance.

(En el prebéisbol, el corredor forzado también podría ser eliminado si está entre bases y es tocado por un defensor con la pelota en su poder, pero esta regla no se tendrá en cuenta aún).

- CORREDOR NO FORZADO: si no están ocupadas todas las bases precedentes a la suya. Forma de eliminarlo: tocándolo fuera de las bases.

- CORREDOR NO FORZADO A AVANZAR MÁS DE UNA BASE: cuando un corredor forzado, decide avanzar más de una base, se convierte en corredor no forzado, siendo eliminado como tal.

- En el juego planteado en la Sesión 14 (Partido 2 de Beisbol), como decíamos, el corredor forzado ya será eliminado realmente como dice el reglamento, porque esta forma aún no es la real, sino modificada, para que progresivamente aprendan la forma correcta de eliminar (PARTIDO 2 de SESIÓN 14. ELIMINACIÓN REGLAMENTARIA: eliminación de forzados pisando base antes de que llegue; y eliminación de ambos dándoles con la pelota fuera de las bases).

Hacer esta actividad en un espacio mayor y con bateo (si ya supiesen batear).

JUEGOS DE INICIACIÓN TÉCNICA 2

- SESIONES 5 Y 6: ATAQUE Y DEFENSA (6 ACTIVIDADES).
- BATEAR, CORRER, COGER Y TIRAR 2.
- OBJETIVO: ser capaces de automatizar el bateo, correr las bases de forma correcta, coger la pelota de diferentes formas, tirar la pelota.

SESIÓN 5. BATEAR Y CORRER 2 (ATAQUE 2)

ACTIVIDAD 13: BATEAMOS CON PELOTAS

- Conseguir Batear la Pelota situada en el Soporte.
- Ganar Confianza en el Bateo.
- Mejorar la Coordinación óculo - manual.

Grupos de 6 alumnos (en total, entre 3 y 4 grupos).

Cada grupo situados a 5 - 10 m. de una pared, tras una línea delimitada por 2 conos. Separados unos grupos de otros a una distancia considerable y segura.

1 bate, 5 pelotas (pueden ser de tenis), 1 soporte (puede ser construido con conos o de otras maneras) y 2 conos por grupo (en total, entre 3 - 4 bates, 15 - 20 pelotas, 3 - 4 soportes y 6 - 8 conos).

6 alumnos en fila india, el primero con el bate bien cogido y con el soporte con la pelota delante de él.

A la señal del profesor, el primer alumno de cada grupo batea las bolas del soporte. El siguiente alumno que bateará será el que le coloca las pelotas en el soporte.

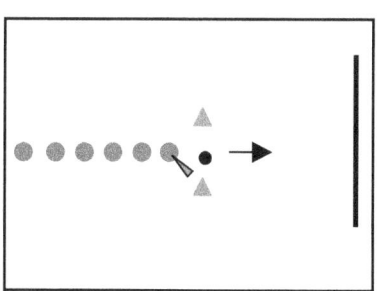

NORMAS:

- Prohibido comenzar a batear antes de la señal.
- Cada alumno realizará tandas de 5 bateos seguidos.
- Sujetar el bate para que no salga despedido.

VARIANTES: **BATEO DENTRO DE UN JUEGO MÁS GLOBAL:** Batear con soporte pero sin una pared delante (en el caso de que se pueda realizar este juego en campo abierto y con espacio suficiente para que la seguridad esté garantizada), intentando hacerlo correctamente y lo más lejos posible. En cada grupo, 2 alumnos estarán situados frente al bateador y lo suficientemente alejados, intentando capturar las pelotas bateadas por su compañero lo antes posible, incluso intentando capturarlas al aire ("fly") y enviárselas al compañero que le está colocando las pelotas en el soporte al bateador (y así practicarán capturas y lanzamientos de pelota, integrando aspectos tácticos de ataque con defensa a través de ejercicios de técnica).

ACTIVIDAD 14: BATEAMOS, CORREMOS Y PRACTICAMOS POSICIONES DEFENSIVAS

- Practicar y Mejorar el Bateo de la pelota situada en el Soporte y la Carrera del Bateador (jugadores atacantes).
- Practicar las Recepciones en Equipo (jugadores defensores).

2 Grupos de 10 alumnos practicando el juego independientemente uno del otro. En el caso de que el espacio sea reducido, se hará con un solo grupo de 20 alumnos en un solo cuadrado, siendo 10 bateadores (atacantes) y los otros 10 defensores (que rotarán entre ellos cuando hay cambio de bateador), cambiando el papel ataque / defensa pasados unos minutos.

Cuadrado de 15 m. * 15 m. delimitado cada cuadrado por 4 aros (bases) que tendrán un orden (1ª, 2ª, 3ª y 4ª bases). Entre 1 y 2 cuadrados.

1 bate, 1 – 2 pelotas (pueden ser de tenis), 1 soporte (puede ser construido con conos o de otras maneras) y 4 aros por grupo (en total, entre 1 y 2 bates, 2 - 4 pelotas, 1 - 2 soportes y 4 - 8 aros).

Cada alumno ocupa su posición (el atacante de bateador y los 9 defensores: lanzador, receptor, defensores de 1ª, 2ª y 3ª bases, defensor interbases y defensores exterior, centro y derecha).

A la señal del profesor, el primer alumno de cada grupo batea la bola del soporte. El bateador, tras batear 3 veces, pasará a ocupar la posición de exterior derecho. En su tercer bateo correrá a 1ª base. El receptor pasa a batear y todos los jugadores rotarán en "S" según se observa en el dibujo.

Así practicarán además de bateos y carreras (fundamentos técnicos ofensivos), lanzamientos y capturas de pelota (fundamentos técnicos defensivos), integrando además aspectos tácticos en la organización de las posiciones defensivas.

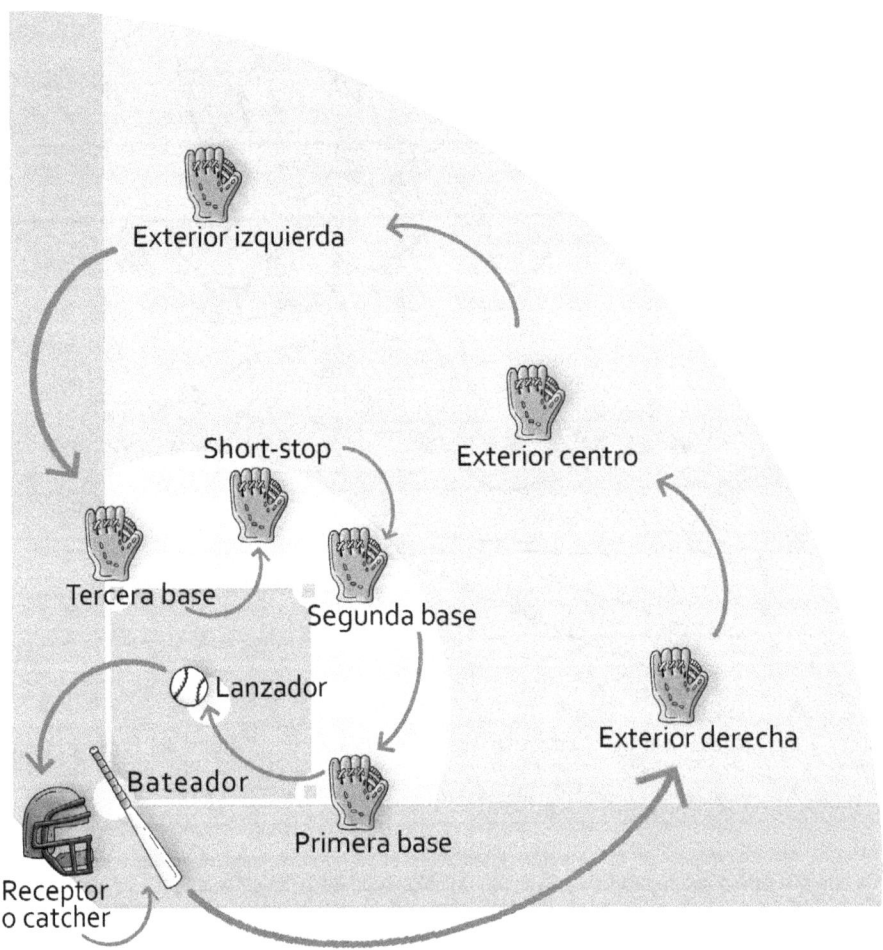

- Prohibido comenzar a batear antes de la señal.
- Cada alumno realizará tandas de 3 bateos seguidos.
- El bateador no soltará el bate de forma peligrosa.

BATEO, CARRERA Y DEFENSA DENTRO DE UN JUEGO MÁS GLOBAL: El bateador, tras batear corre, pero no tiene por qué parar al llegar a la 1ª base, sino que puede seguir corriendo a la-s siguiente-s base-s, y los defensores tratarán de eliminarlo.

ACTIVIDAD 15: CORREMOS RÁPIDO

- Mejorar la Agilidad de movimientos.
- Desarrollar la Velocidad de reacción.
- Familiarizarse con las 4 Bases.

2 Grupos de 9 – 12 alumnos (en el caso de que dispongamos de poco espacio) / 3 – 4 Grupos de 6 alumnos.

Cada grupo en 1 Cuadrado de 7 m. * 7 m. delimitado por 4 aros o conos (bases) que tendrán un orden (1ª, 2ª, 3ª y 4ª bases) y una Línea señalada a 7 m. del cuadrado (en total, entre 2 y 4 cuadrados).

4 aros y 1 pelota (puede ser de tenis) por grupo (en total, entre 8 - 16 aros o conos y 2 - 4 pelotas).

6 (9 ó 12) alumnos en fila india, el primero con una pelota cogida y tras la línea.

A la señal del profesor, el primer alumno de cada grupo sale en dirección a la base 1, coloca la bola dentro de ella, vuelve corriendo a la línea, desde ahí vuelve a la base 1, recoge la pelota y la lleva a la base 2, vuelve a la línea, y así sucesivamente hasta terminar el recorrido.

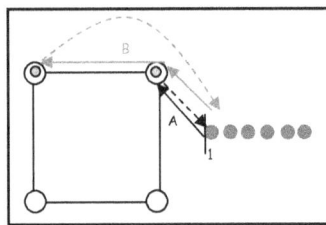

- Prohibido comenzar a correr antes de la señal.
- El corredor ha de ir a recoger la pelota a cualquiera de las bases pisando antes y en orden las anteriores (por ejemplo, si tiene que coger la pelota que está en la base 4, antes ha de haber pisado, y por orden, las bases 1, 2 y 3).
- El equipo del corredor vencedor de cada tanda obtiene 1 punto, ganado el equipo con más puntos.

CARRERAS DE BASES CON RELEVOS: El juego será similar, pero ahora el primer corredor corre desde la línea hasta la primera base, deja la pelota en ésta, y vuelve corriendo hasta la línea donde le dará el relevo al segundo corredor, que cogerá la pelota de la base 1 y la llevará a la base 2, y desde ahí volverá para darle el relevo al tercer corredor y así sucesivamente.

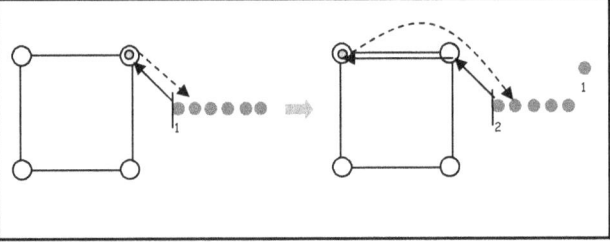

CARRERAS DE BASES DENTRO DE UN JUEGO MÁS GLOBAL: El juego será similar, pero ahora el primer corredor corre desde la línea hasta pisar con el pie la primera base, desde donde lanzará la pelota al segundo corredor, que la cogerá y la llevará a la base 2, y desde ahí la lanzará al tercer corredor y así sucesivamente (y así practicarán además de carreras, capturas y lanzamientos de pelota, integrando aspectos tácticos de ataque con defensa a través de ejercicios de técnica).

COMO LOS ANTERIORES, PERO CON 1 VUELTA PREVIA: Cada corredor tendrá que dar 1 vuelta previa pisando las bases por orden, para ya después realizar la tarea del juego ("Carrera de bases con relevos" o "Carrera de bases dentro de un juego más global"). Así, se familiarizará nuevamente con el recorrido de las 4 bases.

SESIÓN 6. COGER Y TIRAR 2 (DEFENSA 2)

ACTIVIDAD 16: MEJORAMOS EL LANZAMIENTO

- Perfeccionar el Gesto Técnico de los Lanzamientos.
- Mejorar la Coordinación óculo - manual.

Grupos de 4 alumnos en fila (en total, entre 5 y 6 grupos) separados cada alumno entre sí 10 m.

Cada grupo necesita un espacio aproximado de 40 * 5 m. Separados unos grupos de otros a una distancia considerable y segura.

1 pelota por grupo (en total, 5 - 6 pelotas).

Grupos de 4 alumnos en fila, separados cada alumno entre sí 10 m.

A la señal del profesor, el primer alumno de cada fila pasa la pelota al siguiente y así sucesivamente. Cuando llega al último alumno, éste se la devuelve al penúltimo, y así hasta llegar al primero de la fila, que fue donde comenzó el juego.

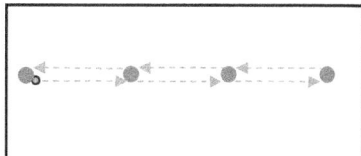

- Prohibido comenzar el juego antes de la señal.
- Cada tanda ganada por un equipo equivale a 1 punto.
- Gana el equipo que más puntos consigue.

ACTIVIDAD 17: COGEMOS AL AIRE PELOTAS MUY ALTAS

- Capturar correctamente pelotas al aire muy altas (Flys).
- Mejorar la Precisión y la Velocidad de las Capturas.
- Mejorar la Coordinación óculo - manual.

Grupos de 6 alumnos (en total, entre 3 y 4 grupos).

Cada grupo necesita un espacio aproximado de 25 * 10 m. Separados unos grupos de otros a una distancia considerable y segura.

5 pelotas y 1 cono por grupo (en total, entre 15 - 20 pelotas y 3 - 4 conos).

Grupos de 5 alumnos, en fila india tras 1 cono, cada uno con una pelota en su mano. Un alumno referencia situado a 10 m.

A la señal del profesor, el primer alumno de cada fila inicia la carrera suave hacia la proximidad del alumno referencia, al que le pasa la bola. Seguidamente corren lo más rápido posible en cualquier dirección, mientras que el alumno referencia enviará una volea alta que pueda ser atrapada en la carrera con 1 mano. A continuación, los siguientes primeros alumnos de cada fila realizarán la misma acción.

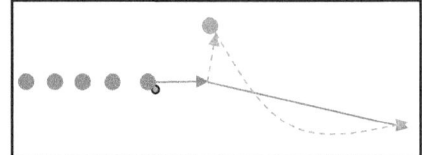

- Prohibido comenzar el juego antes de la señal.
- Cada recepción correcta de fly sumará 1 punto a ese corredor, ganando en cada equipo el corredor que consiga más puntos.
- Cada tanda, otro alumno pasará a ser alumno referencia.

CAPTURAS AL AIRE ALTAS Y LANZAMIENTOS DE VOLEAS DENTRO DE UN JUEGO MÁS GLOBAL: 4 compañeros del grupo, cada uno situado en una base separada entre sí 7 m., formando un cuadrado (pasadores); el compañero 5 situado en el centro del cuadrado (receptor); un lanzador, alumno 6, que puede ser el profesor; y 3 alumnos corredores. A la señal, el lanzador realiza un lanzamiento de pelota alto, el receptor trata de capturarla al aire, y a continuación se la envía al alumno colocado en a base 1, para a partir de ahí lanzarse la pelota en volea y por orden (de la base 1 a la 2, de la 2 a la 3, de la 3 a la 4 y de la 4 a la 1). Al mismo tiempo, los otros 3 alumnos del grupo corren alrededor del cuadrado tratando de llegar antes a la base 1 que la pelota (y así el lanzador practica lanzamientos largos, el receptor recepciones altas y en carrera, los 4 alumnos que están en las bases practicarán capturas en fly y lanzamientos en volea de pelota, dentro del campo de 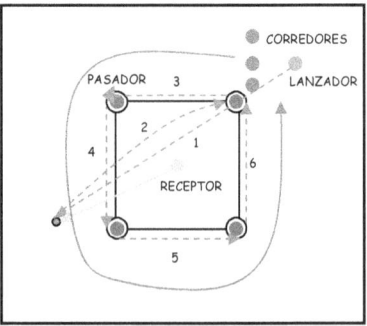 juego, y los 3 que corren alrededor practicarán carreras, familiarizándose todos con las bases, asimilando de esta manera aspectos tácticos de espacio de juego y comprensión de reglas del juego a través de ejercicios de técnica de lanzamientos y capturas, así como de carrera).

ACTIVIDAD 18: COGEMOS Y TIRAMOS EN EL CUADRO

- Perfeccionar Capturas y Tiros en Situaciones cercanas al Juego Real.
- Desarrollar el Trabajo y la Coordinación en Equipo.

5 Grupos de 4 - 5 alumnos. En el primer grupo, hay un alumno situado en cada base y un alumno en la interbase entre las bases 3 y 4.

Cuadrado de 7 m. * 7 m. delimitado por 4 aros o conos (bases) que tendrán un orden (1ª, 2ª, 3ª y 4ª bases).

5 pelotas (1 para cada grupo) y 4 aros.

5 Grupos de 4 - 5 alumnos, los alumnos del primer grupo situados como se explica en el apartado de organización

A la señal del profesor, el alumno del grupo 1 situado en la base 1 inicia la actividad lanzando la pelota (pelota de la base 1 a la 2, de la 2 a la 3, de la 3 a la interbase, de la interbase a la 4 y de la 4 a la 1), ganando el equipo que antes lo consiga. A continuación, los siguientes primeros alumnos de cada fila (grupo 2) realizarán la misma acción, y así sucesivamente. Con esta actividad asimilan aspectos tácticos a través de ejercicios de técnica.

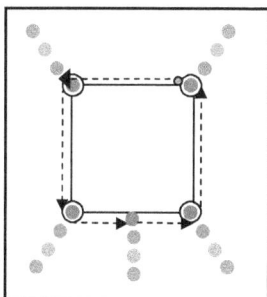

- Prohibido comenzar el juego antes de la señal.
- Cada vez que un equipo gana una tanda de lanzamientos y recepciones sumará 1 punto, ganando el equipo que consiga más puntos.

COGEMOS Y TIRAMOS CONTRA CORREDORES: un equipo situado en las 5 posiciones (las 4 bases y la interbase) han de tratar, a la señal, de pasarse la pelota para que ésta llegue a la base 1 nuevamente antes de que cualquier miembro del otro equipo llegue corriendo a la base 1 después de rodear el cuadrado de juego comenzando desde esa misma base 1.

COGEMOS Y TIRAMOS CON UN ESPACIO MAYOR: practicamos ambos juegos pero con un espacio mayor: cuadrado de 15/18 m. * 15/18 m. (ya mayor que en los anteriores juegos y parecido al del juego real).

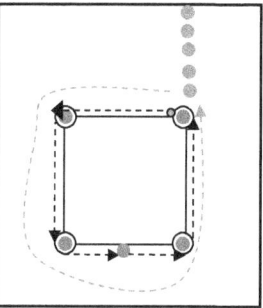

BÉISBOL-PIE (TÁCTICA)

- SESIONES 7 Y 8 (1 ACTIVIDAD CON VARIANTES).
- ESPACIO: REDUCIDO (7 m. * 7 m.) / MAYOR 15-18 m. * 15-18 m.
- PARA UN APRENDIZAJE TÁCTICO Y REGLAMENTARIO.
- REQUISITOS TÉCNICOS MUY SENCILLOS: PATEO DE BALÓN Y COGER-PASAR DICHO BALÓN.

SESIONES 7 - 8. BÉISBOL - PIE 1 - 2 (TÁCTICA 3)

ACTIVIDAD 19: BÉISBOL - PIE

- Objetivos de Actividades 1, 2, 3, 10, 11 y 12.

- Practicar un Juego muy Similar al Prebéisbol y al Béisbol, pero con unas necesidades técnicas muy reducidas (patear un balón) para conocer más en profundidad la táctica y el reglamento.

- Divertirse Jugando (objetivo prioritario si queremos que nuestros alumnos sigan practicando el beisbol fuera de las aulas).

SESIÓN 7. BÉISBOL - PIE 1: 2 Grupos de 12 alumnos y 2 Equipos de 6 alumnos en cada grupo (más recomendable en esta Sesión 7 de Beisbol-Pie 1, para que el juego resulte más sencillo, siempre y cuando dispongamos de espacio suficiente).

SESIÓN 8. BÉISBOL – PIE 2: 1 Grupo de 18 alumnos y 2 Equipos de 9 alumnos cada uno, con los defensores colocados ya como deben ubicarse en el juego real (además, en el caso de que dispongamos de poco espacio, es la mejor solución).

SESIÓN 7. BÉISBOL – PIE 1: Cuadrado de 7 m. * 7 m. delimitado por 4 aros (bases) que tendrán un orden (1ª, 2ª, 3ª y 4ª bases) y una Línea señalada a 2 m. de la base home del cuadrado (en total, entre 1 y 2 cuadrados).

SESIÓN 8. BÉISBOL – PIE 2: Cuadrado de 15 – 18 m. * 15 – 18 m. delimitado por 4 aros (bases) que tendrán un orden (1ª, 2ª, 3ª y 4ª bases) y una Línea señalada a 2 m. de la base home del cuadrado (en total, 1 solo cuadrado).

4 aros y 1 balón de voleibol desinflado (o similar) por grupo (en total, entre 4 - 8 aros y 1 - 2 balones).

El equipo que empezará defendiendo se ubica dentro del campo de juego y el que comenzará atacando estarán fuera de esta zona y PATEARÁN o CHUTARÁN (aún no batearán) desde la línea señalada a 2 m. de la base home.

LANZAMIENTO: El lanzador (que será un jugador defensor) lanzará el balón rodando por el suelo, tratando de que éste pase por encima de la línea señalada a 2 m. de la base home. Si lanzara el balón botando o este no pasara por encima de la línea y no hubiera intento por parte del pateador de chutarlo, se le contará malo (balón) Con cuatro malos (balones) sobre el mismo pateador, éste tendrá derecho a la 1ª base.

EL PATEO o CHUT: El pateador (un jugador atacante) chutará los balones que pasen rodando por encima de la línea señalada a 2 m. del home. Si tras tres intentos, no chuta un balón bueno, será eliminado (out). El pateador deberá chutar desde detrás de la línea. Y no podrá coger carrera para chutar. Si hiciera esto, se le cantará strike y el balón está muerto.

Los jugadores atacantes, y de uno en uno, patearán el balón desde la señal marcada, teniendo que caer dicho balón dentro del campo de juego para que el pateo sea válido. A partir de ahí, el lanzador correrá a primera base para seguir avanzando en orden y anotar carrera. A continuación pateará el segundo atacante y así sucesivamente.

DURACION: 4 - 5 entradas. Tiempo = 45 minutos máximo. No podrá comenzar nueva entrada cuando se alcancen los 45 minutos.

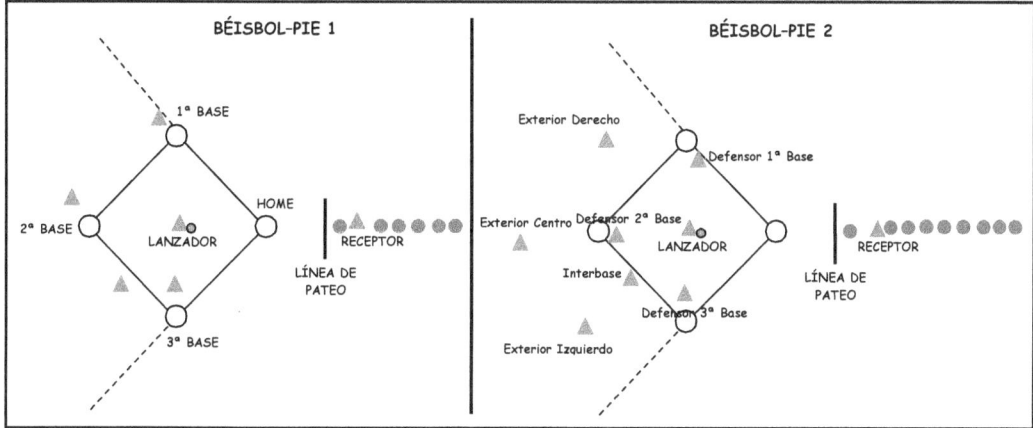

- El balón será lanzado por el lanzador con la mano a ras del suelo y ha de pasar por la línea señalada a 2 m. de la base home. Si pasa rodando en perfectas condiciones por la línea y no es pateado correctamente, será un strike.

- Habrá un receptor del equipo defensor tras el pateador, simplemente para evitar que los balones que no sean pateados sean capturados lo antes posible, para así evitar pérdidas de tiempo.

- Cambio de roles cuando hayan pateado todos los atacantes, pasando los pateadores a defender y viceversa.

- El equipo atacante consigue una carrera cuando un atacante corre de una base a otra por orden y sin ser eliminado, cumpliendo las reglas.

- Prohibido avanzar más de una base (ni si quiera el lanzador). También se les puede permitir avanzar tantas bases como quieran.

- El pateador también podrá ser eliminado cuando su balón pateado sea capturado al aire por un defensor ("Fly").

- En el caso de un fly, si los corredores permanecen en la base en la que estaban antes de patear su compañero, no serán eliminados con dicho "fly". Pero si han salido de su base, ahora no se detendrá la jugada, sino que deberán volver a pisarla rápidamente, pudiendo ser eliminados. Estos corredores que sí han abandonado su base antes de que el balón sea atrapado al aire, serán eliminados si un defensor con el balón en su posesión, toca la base antes de que vuelva a tocarla o pisarla este corredor (corredor ante un fly).

- En el caso de que los alumnos aún no hayan practicado los juegos modificados de las Sesiones 1 y 4 ó no dominen aún las reglas de las eliminaciones:

SIN DISCRIMINACIÓN FORZADOS/ NO FORZADOS (eliminación pisando base antes de que llegue el corredor o dando al corredor fuera de las bases, sin distinguir entre forzados y no forzados).

- En el caso de que los alumnos sí hayan practicado los juegos modificados de las Sesiones 1 y 4 ó si ya dominan mejor las reglas:

ELIMINACIÓN ADAPTADA: eliminación de forzados pisando base antes de que llegue; y eliminación de no forzado dándoles con el balón fuera de las bases.

- Y si son alumnos avanzados, o realizamos esta sesión también una vez que ya han practicado los juegos de prebéisbol y beisbol:

ELIMINACIÓN REGLAMENTARIA: eliminación de forzados pisando base antes de que llegue; y eliminación de ambos dándoles con el balón fuera de las bases.

Explicar a los alumnos defensores que observen la situación del juego antes de que el balón sea pateado para, de esta manera, poder identificar a los corredores forzados y no forzados, porque serán eliminados de forma diferente:

- CORREDOR FORZADO: si están ocupadas todas las bases precedentes a la suya.

- CORREDOR NO FORZADO: si no están ocupadas todas las bases precedentes a la suya.

- CORREDOR NO FORZADO A AVANZAR MÁS DE UNA BASE: cuando un corredor forzado, decide avanzar más de una base, se convierte en corredor no forzado, siendo eliminado como tal.

JUEGOS DE INICIACIÓN TÉCNICA 3

• SESIONES 9 Y 10: ATAQUE Y DEFENSA (6 ACTIVIDADES).
• BATEAR, CORRER, COGER Y TIRAR 3.
• OBJETIVO: ser capaces de batear correctamente, arender a tocar al corredor, perfeccionar el tiro, iniciarse en el pre-beisbol.

SESIÓN 9. BATEAR Y CORRER 3 (ATAQUE 3)

ACTIVIDAD 20: AUTO - BATEO

- Conseguir Batear la Pelota Lanzada al aire por él mismo.
- Ganar Confianza en el Bateo Sin Soporte, incluso dentro del campo de juego.
- Mejorar la Coordinación óculo - manual.

Grupos de 6 alumnos (en total, entre 3 y 4 grupos).

Cada grupo situados a 5 - 10 m. de una pared, tras una línea delimitada por 2 conos. Separados unos grupos de otros a una distancia considerable y segura.

1 bate, 5 pelotas (pueden ser de tenis), y 2 conos por grupo (en total, entre 3 - 4 bates, 18 - 24 pelotas y 6 - 8 conos).

6 alumnos en fila india, el primero con el bate y con la pelota en su poder.

A la señal del profesor, el primer alumno de cada grupo arroja su pelota al aire y trata de golpearla con el bate hacia la pared. El siguiente alumno que bateará será el que recoge las pelotas lanzadas.

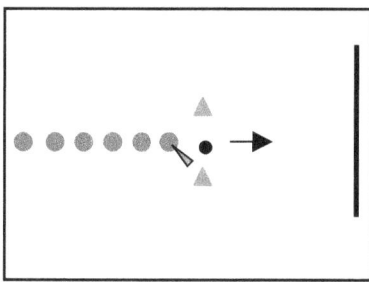

- Prohibido comenzar a batear antes de la señal.
- Cada alumno realizará tandas de 5 auto - bateos seguidos.
- Se obtiene 1 punto por cada pelota bien bateada, ganando el jugador que más puntos consiga.
- Sujetar el bate para que no salga despedido.

AUTO - BATEO EN EL CAMPO DE JUEGO: Hacer el mismo ejercicio pero haciendo el "auto-bateo" situado el bateador en la base - meta (home) para que tenga una sensación más cercana a la real del juego.

AUTO - BATEO DENTRO DE UN JUEGO MÁS GLOBAL: "Auto – Batear" sin una pared delante (en el caso de que se pueda realizar este juego en campo abierto y con espacio suficiente para que la seguridad esté garantizada), intentando hacerlo correctamente y lo más lejos posible. En cada grupo, 2 alumnos estarán situados frente al bateador y lo suficientemente alejados, intentando capturar las pelotas bateadas por su compañero lo antes posible, incluso intentando capturarlas al aire ("fly") y enviárselas al compañero que le está colocando las pelotas en el soporte al bateador (y así practicarán capturas y lanzamientos de pelota, integrando aspectos tácticos de ataque con defensa a través de ejercicios de técnica).

ACTIVIDAD 21: EL JUEGO DEL BATEO

- Perfeccionar la Técnica del Bateo y unirla a la Carrera.
- Ganar Confianza en el Bateo sin y con soporte, dentro de un Juego Simplificado.
- Mejorar la Coordinación óculo - manual.

1 Grupo de 18 alumnos y 2 Equipos de 9 alumnos cada uno (en el caso de que dispongamos de poco espacio) / 2 Grupos de 12 alumnos y 2 Equipos de 6 alumnos cada uno (si disponemos de mayor espacio).

Cuadrado de 7 m. * 7 m. ó de 15 – 18 m. * 15 – 18 m. (quizás ya mejor opción para que se familiaricen al campo real) delimitado por 4 aros (bases) que tendrán un orden (1ª, 2ª, 3ª y 4ª bases). En total, entre 1 y 2 cuadrados.

4 aros, 1 pelota (pueden ser de tenis) y 1 soporte de bateo por grupo (en total, entre 4 - 8 aros, 1 - 2 pelotas y 1 – 2 soportes).

2 Equipos (en el campo y al bate). El equipo que empezará defendiendo se ubica dentro del campo de juego y el que comenzará atacando estarán fuera de esta zona y batearán desde el soporte.

Una vez bateada la pelota se correrá a 1ª base. Si alcanza esa 1ª Base sin ser eliminado obtendrá 1 punto. A continuación lanzará el segundo atacante y así sucesivamente.

- El bateador que tras batear la pelota alcanza la 1ª base sin ser eliminado obtiene 1 punto.
- El equipo que obtiene más puntos es el vencedor del juego.
- Los equipos cambian cuando han bateado todos los contrarios y los defensores rotan de posición en "S" (en el caso de que sean equipos de 9 alumnos).

Hacer esta actividad con bateo sin soporte, con pelota lanzada por el profesor.

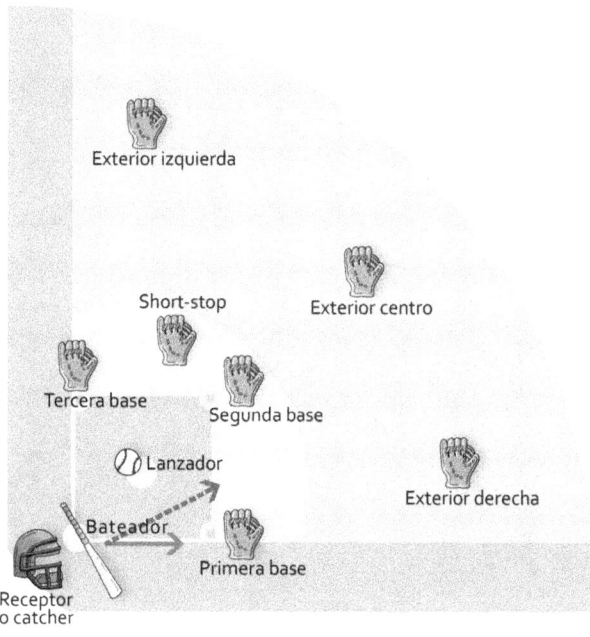

SESIÓN 10. COGER Y TIRAR 3 (DEFENSA 3)

ACTIVIDAD 22: COGEMOS PELOTAS RODADAS BATEADAS Y TIRAMOS EN EL CUADRO

- Perfeccionar Capturas de Pelotas Rodadas y Tiros en el cuadro de juego.
- Desarrollar el Trabajo y la Coordinación en equipo.

2 Grupos divididos a su vez en 2 Equipos de 5 - 6 alumnos cada uno.

Cuadrado de 15 -18 m. * 15 - 18 m. delimitado por 4 aros.

5 pelotas y 2 bates por grupo (en total, 10 pelotas y 4 bates) y 4 aros.

Los 2 equipos del mismo grupo, situados frente a frente sobre el cuadro. En cada grupo unos ocupan las posiciones defensivas y se turnan para coger las pelotas que otros compañeros (situados enfrente) les batean por el suelo mediante pelotas rodadas.

A la señal del profesor, los bateadores batean las pelotas rodadas a sus compañeros situados enfrente, éstos las cogen y se las lanzan a otros compañeros auxiliares que están donde los bateadores.

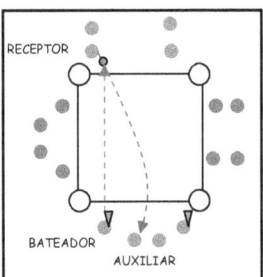

- Prohibido comenzar el juego antes de la señal.
- Cada vez que un equipo gana una tanda de lanzamientos y recepciones sumará 1 punto, ganando el equipo que consiga más puntos.

ACTIVIDAD 23: COGEMOS PELOTAS RODADAS DE FRENTE Y LATERALMENTE

- Perfeccionar Capturas de pelotas rodadas de frente (capturándolas sin movimiento) y hacia los lados (capturándolas desde desplazamientos laterales).
- Mejorar la Precisión y la Velocidad de las Capturas.
- Mejorar la Coordinación óculo - manual.

1 Grupo (en el caso de que dispongamos de poco espacio) / 2 Grupos (si disponemos de mayor espacio).

Cuadrado de 7 m. * 7 m. ó de 15 – 18 m. * 15 – 18 m. (quizás ya mejor opción para que se familiaricen al campo real) delimitado por 4 aros (bases) que tendrán un orden (1ª, 2ª, 3ª y 4ª bases). En total, entre 1 y 2 cuadrados.

4 aros y 10 pelotas (pueden ser de tenis) por grupo (en total, entre 4 - 8 aros y 10 - 20 pelotas).

Grupos de alumnos, en fila india, situado en 1ª base el primer alumno. Un alumno referencia o profesor cerca de la base home con una pelota.

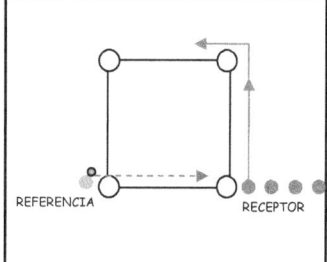

La actividad se realiza con desplazamientos alrededor del cuadro. A la señal, el alumno referencia situado cerca de la base home, envía pelotas rodadas de frente y hacia su derecha al alumno que comienza en 1ª base, lanzándoselas hacia 1ª base hasta alcanzar la 3ª base. A continuación, el siguiente alumno realizará la misma acción. Cuando hayan acabado el recorrido todos los jugadores, realizamos el desplazamiento contrario, es decir, hacia su izquierda.

- Prohibido comenzar el juego antes de la señal.
- Cada recepción correcta de pelotas rodadas sumará 1 punto a ese corredor, ganando en cada equipo el corredor que consiga más puntos.
- El alumno receptor, devuelve las pelotas capturadas a un alumno auxiliar situado cerca del alumno referencia.
- Cada tanda, otro alumno pasará a ser alumno referencia.

COMPETICIÓN DE CAPTURAS RODADAS ENTRE 2 EQUIPOS: El juego sería similar al anterior, pero en el caso de que hubiera 2 equipos y 2 campos, a la señal, se contabilizarían las capturas correctas de cada jugador como 1 punto, ganando el equipo cuyos jugadores obtengan mayor número de capturas correctas (puntos).

COGEMOS PELOTAS AL AIRE DE FRENTE Y LATERALMENTE: Similar a los juegos anteriores, pero ahora las pelotas lanzadas son al aire.

ACTIVIDAD 24: COGEMOS PELOTAS RODADAS POR EQUIPOS

- Perfeccionar Capturas de pelotas rodadas y Tiros en el cuadro de juego.
- Desarrollar el Trabajo y la Coordinación en Equipo.
- Mejorar la Precisión y la Velocidad de las Capturas y Tiros.

1 Grupo (en el caso de que dispongamos de poco espacio) / 2 Grupos (si disponemos de mayor espacio). En ambos casos, el grupo o los grupos estará-n dividido-s a su vez por equipos de 3 jugadores.

Cuadrado de 7 m. * 7 m. ó de 15 – 18 m. * 15 – 18 m. (quizás ya mejor opción para que se familiaricen al campo real) delimitado por 4 aros (bases) que tendrán un orden (1ª, 2ª, 3ª y 4ª bases). En total, entre 1 y 2 cuadrados.

4 aros y 10 pelotas (pueden ser de tenis) por grupo (en total, entre 4 - 8 aros y 10 - 20 pelotas).

En cada grupo, un equipo de 3 situados de la siguiente manera: un alumno situado en 1ª base, otro en 2ª y otro en interbase. El resto de alumnos, en fila india, situados detrás de cada uno de los otros 3 alumnos. Un alumno referencia o profesor cerca de la base home con una pelota.

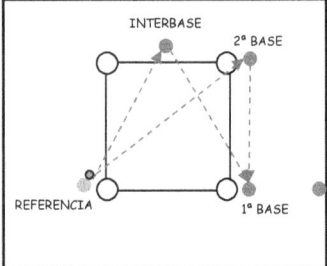

A la señal, el alumno referencia situado cerca de la base home, envía pelotas rodadas hacia los jugadores ubicados en 2ª base y en interbase. A continuación, el alumno receptor (ya sea de 2ª o de interbase) tira la pelota capturada al alumno que está en 1ª base.

- Prohibido comenzar el juego antes de la señal.
- Cada recepción + lanzamiento jugador 2ª base o interbase + recepción jugador 1ª base correctos sumarán 1 punto a ese equipo, ganando en cada grupo el equipo que consiga más puntos.
- Serán tandas de 10 lanzamientos seguidos por equipos.
- Cada tanda, otro alumno pasará a ser alumno referencia.

COMPETICIÓN DE CAPTURAS RODADAS ENTRE 2 GRUPOS: El juego sería similar al anterior, pero en el caso de que hubiera 2 grupos y 2 campos, a la señal, se contabilizarían las acciones correctas (recepción + lanzamiento + recepción) de cada equipo de 3 como 1 punto, ganando el grupo cuyos equipos obtengan mayor número de puntos.

CAPTURAS RODADAS Y LANZAMIENTOS DENTRO DE UN JUEGO MÁS GLOBAL: 1 equipo de 3 situado como ya se explicó (uno en 1ª base, otro en 2ª y el tercero en interbase) y 3 alumnos corredores de otro equipo. A la señal, el equipo defensor realiza su acción (recepción en 2ª base o en interbase de pelota lanzada por alumno referencia y envío de esa pelota a jugador de 1ª, y en este juego este jugador ha de lanzar nuevamente esa pelota al alumno referencia). Al mismo tiempo, los otros 3 alumnos del equipo corren alrededor del cuadrado tratando de llegar antes a la 1ª base de que el equipo defensor haya completado su tarea (así el alumno referencia practica lanzamientos largos rodados, los receptores recepciones bajas, más su lanzamiento posterior al alumno de 1ª base, que practica recepciones y lanzamientos, y los 3 que corren alrededor

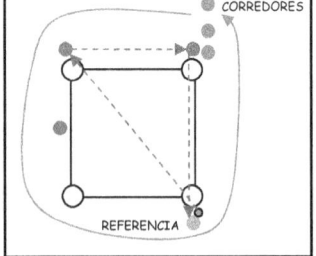

practicarán carreras, familiarizándose todos con las bases, asimilando de esta manera aspectos tácticos de espacio de juego y comprensión de reglas del juego a través de ejercicios de técnica de lanzamientos y capturas, así como de carrera).

COGEMOS PELOTAS AL AIRE POR EQUIPO: Similar a los juegos anteriores, pero ahora las pelotas lanzadas son al aire.

SITUACIONES TÁCTICAS

- SESIÓN OPCIONAL.
- ACCIONES DEFENSIVAS BÁSICAS DEL JUGADOR.
- DESPAZAMIENTOS DEL CONJUNTO DE LOS DEFENSORES.

SESIÓN OPCIONAL. SITUACIÓN DE JUGADORES EN DEFENSA (TÁCTICA 4)

ACTIVIDAD 25: NOS COLOCAMOS ANTE UN FLY

- Conocer y Practicar la Situación de los jugadores en Defensa y cómo deben moverse para defender bien.
- Conocer y Practicar la Defensa ante un Fly.
- Mejorar el Trabajo en Equipo.

con los defensores colocados ya como deben ubicarse en el juego real. 2 opciones:
- 2 Grupos de 9 – 10 alumnos (siempre y cuando dispongamos de espacio suficiente).
- 1 Grupo de 18 – 20 con 2 turnos en el juego (además, en el caso de que dispongamos de poco espacio, es la mejor solución).

Cuadrado de 15 – 18 m. * 15 – 18 m. delimitado por 4 aros (bases) que tendrán un orden (1ª, 2ª, 3ª y 4ª bases) (en total, 1 – 2 cuadrados) dentro de un espacio mayor de 30 - 40 m. * 30 – 40 m.

4 aros y 1 pelota por grupo (en total, entre 4 - 8 aros y 1 - 2 pelotas).

Cada jugador ocupará su posición defensiva: lanzador, receptor, defensores de 1ª, 2ª y 3ª bases, interbase, exteriores derecho, centro e izquierdo.

Como se trata de un simulacro, el alumno auxiliar o el profesor realiza un lanzamiento de la pelota con la mano o mediante el soporte, para que los jugadores defensores realicen la captura de la pelota al aire lo más rápida y correctamente posible, con los desplazamientos defensivos adecuados.

- Es importante estar bien distribuidos en el campo, cada jugador en su espacio y sabiendo por donde puede moverse y cuando es él el responsable de capturar la pelota o recibir un pase.
- Por tanto, la responsabilidad es del jugador con más posibilidades de realizar la captura de la pelota.
- El posible receptor gritará "mía" varias veces, para evitar que otro defensor invada su espacio, pudiendo chocar y no conseguir el objetivo.
- No debe anticiparse a pedir una volea si la pelota ya está bajando, sobre todo si hace viento.
- En voleas dentro del cuadro, donde la pelota puede ser cogida por varios jugadores, será el lanzador quien señale el jugador mejor ubicado.
- Ante voleas entre defensores del cuadro y exteriores, tienen prioridad los últimos, y también tiene prioridad el exterior centro sobre los otros 2 exteriores.

ACTIVIDAD 26: NOS COLOCAMOS ANTE UN BATAZO SIN CORREDORES EN BASES

- Conocer y Practicar la Situación de los Jugadores en Defensa y cómo deben moverse para defender bien.
- Conocer y Practicar la Defensa Ante un Batazo Sin Corredores en Bases.
- Mejorar el Trabajo en Equipo.

con los defensores colocados ya como deben ubicarse en el juego real. 2 opciones:
- 2 Grupos de 9 – 10 alumnos (siempre y cuando dispongamos de espacio suficiente).
- 1 Grupo de 18 – 20 con 2 turnos en el juego (además, en el caso de que dispongamos de poco espacio, es la mejor solución).

Cuadrado de 15 – 18 m. * 15 – 18 m. delimitado por 4 aros (bases) que tendrán un orden (1ª, 2ª, 3ª y 4ª bases) (en total, 1 – 2 cuadrados) dentro de un espacio mayor de 30 - 40 m. * 30 – 40 m.

4 aros y 1 pelota por grupo (en total, entre 4 - 8 aros y 1 - 2 pelotas).

Cada jugador ocupará su posición defensiva: lanzador, receptor, defensores de 1ª, 2ª y 3ª bases, interbase, exteriores derecho, centro e izquierdo. Habrá también un bateador.

Como se trata de un simulacro, el alumno auxiliar o el profesor realiza un lanzamiento de la pelota con la mano o con el soporte hacia el exterior izquierda, y corre a 1ª base, para que los jugadores defensores realicen los movimientos defensivos lo más rápida y correctamente posible, teniendo el jugador defensor extremo izquierda la mayor responsabilidad en la recepción de la pelota.

En el segundo caso, el envío sería al espacio del exterior centro (y la responsabilidad será de ese defensor), y en el tercero, al espacio que defiende el exterior derecha (responsabilidad de ese defensor).

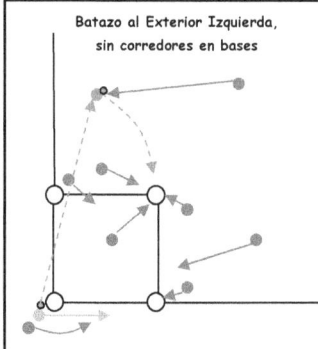
Batazo al Exterior Izquierda, sin corredores en bases

Batazo al Exterior Centro, sin corredores en bases

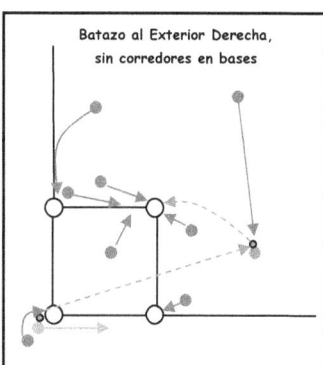
Batazo al Exterior Derecha, sin corredores en bases

- Es importante estar bien distribuidos en el campo, cada jugador en su espacio y sabiendo por donde puede moverse y cuando es él el responsable de capturar la pelota o recibir un pase.
- Por tanto, la responsabilidad es del jugador con más posibilidades de realizar la captura de la pelota.
- El posible receptor gritará "mía" varias veces, para evitar que otro defensor invada su espacio, pudiendo chocar y no conseguir el objetivo.
- No debe anticiparse a pedir una volea si la pelota ya está bajando, sobre todo si hace viento.
- En voleas dentro del cuadro, donde la pelota puede ser cogida por varios jugadores, será el lanzador quien señale el jugador mejor ubicado.
- Ante voleas entre defensores del cuadro y exteriores, tienen prioridad los últimos, y también tiene prioridad el exterior centro sobre los otros 2 exteriores.

ACTIVIDAD 27: NOS COLOCAMOS ANTE UN BATAZO CON UNO O VARIOS CORREDORES EN BASES

- Conocer y Practicar la Situación de los Jugadores en Defensa y cómo deben moverse para defender bien.
- Conocer y Practicar la Defensa Ante un Batazo Con Corredores En una o varias Bases.
- Mejorar el trabajo en equipo.

con los defensores colocados ya como deben ubicarse en el juego real. 2 opciones:
- 2 Grupos de 11 - 12 alumnos (siempre y cuando dispongamos de espacio suficiente).
- 1 Grupo de 22 - 24 con 2 turnos en el juego (además, en el caso de que dispongamos de poco espacio, es la mejor solución).

Cuadrado de 15 – 18 m. * 15 – 18 m. delimitado por 4 aros (bases) que tendrán un orden (1ª, 2ª, 3ª y 4ª bases) (en total, 1 – 2 cuadrados) dentro de un espacio mayor de 30 - 40 m. * 30 – 40 m.

4 aros y 1 pelota por grupo (en total, entre 4 - 8 aros y 1 - 2 pelotas).

Cada jugador ocupará su posición defensiva: lanzador, receptor, defensores de 1ª, 2ª y 3ª bases, interbase, exteriores derecho, centro e izquierdo. Habrá también atacantes: un bateador, un corredor en 1ª ó 2ª base y otro posible corredor en 3ª base.

Como se trata de un simulacro, el bateador realiza un lanzamiento de la pelota con la mano o con el soporte hacia la zona del campo preestablecida, y corre a 1ª base, habiendo también un corredor en 1ª ó 2ª base, e incluso pudiéndolo haber también en 3ª base; para que los jugadores defensores realicen los movimientos defensivos lo más rápida y correctamente posible, teniendo el jugador defensor de la zona a la que va la pelota la mayor responsabilidad en la recepción de la pelota.

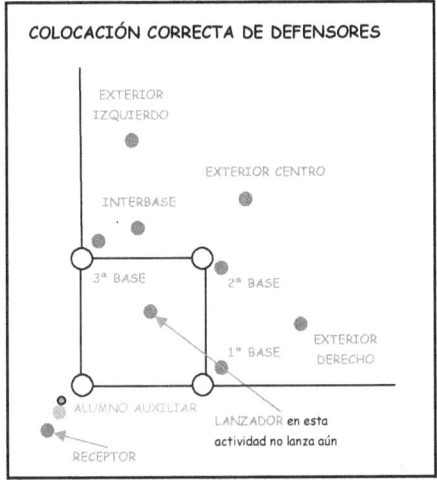

COLOCACIÓN CORRECTA DE DEFENSORES

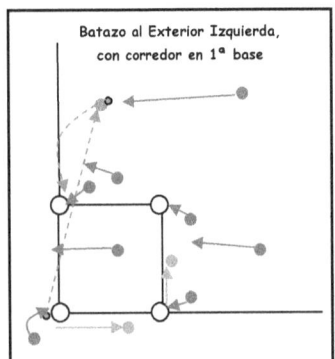

Batazo al Exterior Izquierda, con corredor en 1ª base

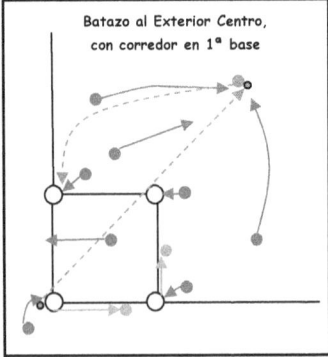

Batazo al Exterior Centro, con corredor en 1ª base

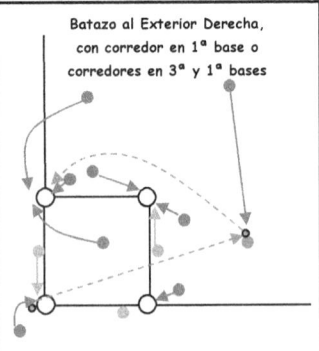

Batazo al Exterior Derecha, con corredor en 1ª base o corredores en 3ª y 1ª bases

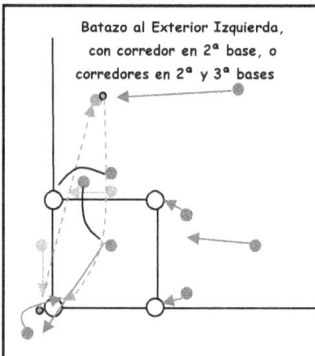 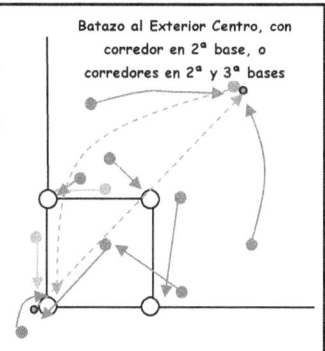 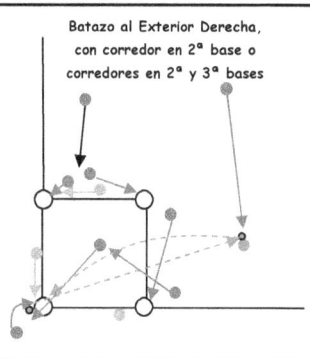

- Es importante estar bien distribuidos en el campo, cada jugador en su espacio y sabiendo por donde puede moverse y cuando es él el responsable de capturar la pelota o recibir un pase.
- Por tanto, la responsabilidad es del jugador con más posibilidades de realizar la captura de la pelota.
- El posible receptor gritará "mía" varias veces, para evitar que otro defensor invada su espacio, pudiendo chocar y no conseguir el objetivo.
- No debe anticiparse a pedir una volea si la pelota ya está bajando, sobre todo si hace viento.
- En voleas dentro del cuadro, donde la pelota puede ser cogida por varios jugadores, será el lanzador quien señale el jugador mejor ubicado.
- Ante voleas entre defensores del cuadro y exteriores, tienen prioridad los últimos, y también tiene prioridad el exterior centro sobre los otros 2 exteriores.

PRE-BÉISBOL

- SESIONES / PARTIDOS 11 Y 12 (1 ACTIVIDAD CON MULTITUD DE VARIANTES).
- BATEO CON SOPORTE (SIN LANZADOR).
- SIN DISCRIMINACIÓN FORZADOS/ NO FORZADOS (eliminación pisando base antes de que llegue el corredor o dando al corredor fuera de las bases, sin distinguir entre forzados y no forzados).
- REQUISITOS TÉCNICOS Y TÁCTICOS BÁSICOS: ATAQUE (bateo con soporte, correr las bases), DEFENSA (coger la pelota, tirarla, pisar las bases y dar al corredor fuera de base con la pelota).
- CONOCIMIENTO BÁSICO DEL REGLAMENTO DE PRE-BÉISBOL.

SESIONES 11 - 12. PREBÉISBOL 1 - 2 (TÁCTICA 5)

ACTIVIDAD 28: PREBÉISBOL

- Conocer y Practicar el juego del Prebéisbol.
- Conseguir un Conocimiento Básico del Reglamento del Prebéisbol.
- Desarrollar el Trabajo en Equipo (colectivo).
- Divertirse Jugando (objetivo prioritario si queremos que nuestros alumnos sigan practicándolo fuera de las aulas).

SESIÓN 11. PREBÉISBOL 1: 2 Grupos de 12 alumnos y 2 Equipos de 6 alumnos en cada grupo (más recomendable en esta Sesión 11 de PreBéisbol 1, para que el juego resulte más sencillo, siempre y cuando dispongamos de espacio suficiente).
SESIÓN 12. PREBÉISBOL 2: 1 Grupo de 18 alumnos y 2 Equipos de 9 alumnos cada uno, con los defensores colocados ya como deben ubicarse en el juego real (además, en el caso de que dispongamos de poco espacio, es la mejor solución).

SESIÓN 11. PREBÉISBOL 1: Cuadrado de 7 m. * 7 m. delimitado por 4 aros (bases) que tendrán un orden (1ª, 2ª, 3ª y 4ª bases) y un Soporte de Bateo cerca de la base home del cuadrado (en total, entre 1 y 2 cuadrados).
SESIÓN 12. PREBÉISBOL 2: Cuadrado de 15 – 18 m. * 15 – 18 m. delimitado por 4 aros (bases) que tendrán un orden (1ª, 2ª, 3ª y 4ª bases) y un Soporte de Bateo cerca de la base home del cuadrado (en total, 1 solo cuadrado).

4 aros, 1 soporte y 1 pelota (puede ser de tenis o similar) por grupo (en total, entre 4 - 8 aros, 1 – 2 soportes y 1 - 2 pelotas).

El equipo que empezará defendiendo se ubica dentro del campo de juego y el que comenzará atacando estarán fuera de esta zona y BATEARÁN SOBRE EL SOPORTE DE BATEO.

EL BATEO SOBRE EL SOPORTE: El bateador (un jugador atacante) bateará las pelotas colocadas en el soporte. Si tras tres intentos, no batea una pelota buena, será eliminado (out). Los jugadores atacantes, y de uno en uno, batearán la pelota desde el soporte, teniendo que caer dicha pelota dentro del campo de juego para que el bateo sea válido. A partir de ahí, el bateador correrá a primera base para seguir avanzando en orden y anotar carrera. A continuación bateará el segundo atacante y así sucesivamente.

DURACION: 4 - 5 entradas. Tiempo = 45 minutos máximo. No podrá comenzar nueva entrada cuando se alcancen los 45 minutos.

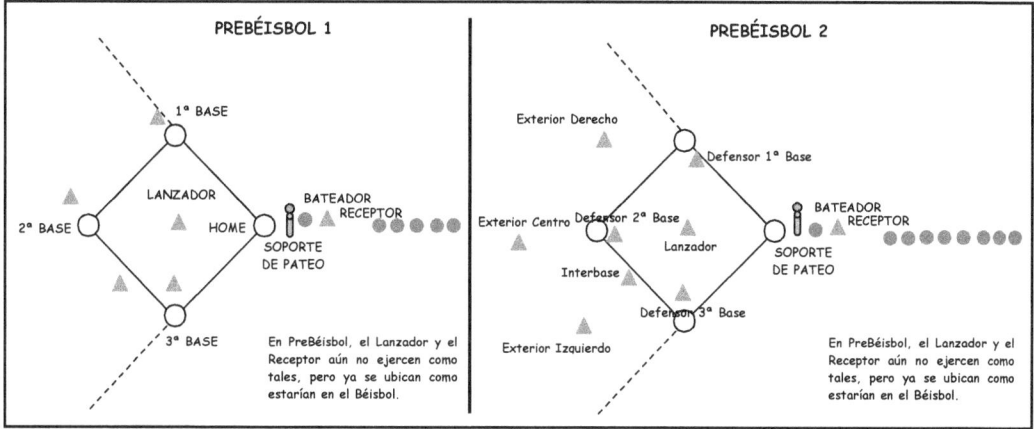

- La pelota será bateada sobre el soporte sin derribarlo. Si el soporte es derribado, y por tanto la pelota no es bateada correctamente, será un strike.
- Habrá un receptor del equipo defensor tras el bateador, simplemente para colocar las pelotas sobre el soporte, para así evitar pérdidas de tiempo.
- Cambio de roles cuando hayan bateado todos los atacantes, pasando los bateadores a defender y viceversa.
- El equipo atacante consigue una carrera cuando un atacante corre de una base a otra por orden y sin ser eliminado, cumpliendo las reglas.
- Prohibido avanzar más de una base (ni si quiera el bateador). También se les puede permitir avanzar tantas bases como quieran.
- El bateador también podrá ser eliminado cuando su pelota bateada sea capturada al aire por un defensor ("Fly").
- En el caso de un fly, si los corredores permanecen en la base en la que estaban antes de batear su compañero, no serán eliminados con dicho "fly". Pero si han salido de su base, ahora no se detendrá la jugada, sino que deberán volver a pisarla rápidamente, pudiendo ser eliminados. Estos corredores que sí han abandonado su base antes de que la pelota sea atrapada al aire, serán eliminados si un defensor con la pelota en su posesión, toca la base antes de que vuelva a tocarla o pisarla este corredor (corredor ante un fly).

POSIBILIDADES:
- En el caso de que los alumnos no dominen aún las reglas de las eliminaciones:
SIN DISCRIMINACIÓN FORZADOS/ NO FORZADOS (eliminación pisando base antes de que llegue el corredor o dando al corredor fuera de las bases, sin distinguir entre forzados y no forzados).
- En el caso de que los alumnos ya dominan mejor las reglas:
ELIMINACIÓN ADAPTADA: eliminación de forzados pisando base antes de que llegue; y eliminación de no forzado dándoles con la pelota fuera de las bases.
- Y si son alumnos avanzados:
ELIMINACIÓN REGLAMENTARIA: eliminación de forzados pisando base antes de que llegue; y eliminación de ambos dándoles con la pelota fuera de las bases.

Explicar a los alumnos defensores que observen la situación del juego antes de que la pelota sea bateada para, de esta manera, poder identificar a los corredores forzados y no forzados, porque serán eliminados de forma diferente:

- CORREDOR FORZADO: si están ocupadas todas las bases precedentes a la suya.
- CORREDOR NO FORZADO: si no están ocupadas todas las bases precedentes a la suya.
- CORREDOR NO FORZADO A AVANZAR MÁS DE UNA BASE: cuando un corredor forzado, decide avanzar más de una base, se convierte en corredor no forzado, siendo eliminado como tal.

BÉISBOL

- SESIONES / PARTIDOS 13 Y 14 (1 ACTIVIDAD CON MULTITUD DE VARIANTES).
- BATEO SIN SOPORTE (CON LANZADOR).
- CON DISCRIMINACIÓN FORZADOS / NO FORZADOS.
- PROGRESIÓN EN LAS ELIMINACIONES:
- PARTIDO 1 (SESIÓN 13). ELIMINACIÓN ADAPTADA: eliminación de forzados pisando base antes de que llegue; y eliminación de no forzado dandoles con la pelota fuera de las bases.
- PARTIDO 2 (SESIÓN 14). ELIMINACIÓN REGLAMENTARIA: eliminación de forzados pisando base antes de que llegue; y eliminación de ambos dándoles con la pelota fuera de las bases.
- REQUISITOS TÉCNICOS Y TÁCTICOS AVANZADOS: ATAQUE (bateo con lanzador, correr las bases correctamente), DEFENSA (coger la pelota desde diferentes posiciones, tirarla con precisión, pisar las bases y dar al corredor fuera de base con la pelota con rapidez y corrección).
- CONOCIMIENTO BÁSICO DEL REGLAMENTO DE BÉISBOL.

SESIONES 13 - 14. BÉISBOL 1 - 2 (TÁCTICA 6)

ACTIVIDAD 29: BÉISBOL

- Conocer y Practicar el juego del Béisbol.
- Conseguir un Conocimiento Básico del Béisbol.
- Desarrollar el Trabajo en Equipo (colectivo).
- Divertirse Jugando (objetivo prioritario si queremos que nuestros alumnos sigan practicándolo fuera de las aulas).

ORGANIZACIÓN

SESIÓN 13. BÉISBOL 1: 2 Grupos de 12 alumnos y 2 Equipos de 6 alumnos en cada grupo (más recomendable en esta Sesión 13 de Beisbol 1, para que el juego resulte más sencillo, siempre y cuando dispongamos de espacio suficiente).
SESIÓN 14. BÉISBOL 2: 1 Grupo de 18 alumnos y 2 Equipos de 9 alumnos cada uno, con los defensores colocados ya como deben ubicarse en el juego real (además, en el caso de que dispongamos de poco espacio, es la mejor solución).

ESPACIO

SESIÓN 13. BÉISBOL 1: Cuadrado de 7 m. * 7 m. delimitado por 4 aros (bases) que tendrán un orden (1ª, 2ª, 3ª y 4ª bases) y una Zona de Bateo en la base home del cuadrado (en total, entre 1 y 2 cuadrados).
SESIÓN 14. BÉISBOL 2: Cuadrado de 15 – 18 m. * 15 – 18 m. delimitado por 4 aros (bases) que tendrán un orden (1ª, 2ª, 3ª y 4ª bases) y una Zona de Bateo en la base home del cuadrado (en total, 1 solo cuadrado).

MATERIAL

4 aros, 1 bate y 1 pelota (puede ser de tenis o similar) por grupo (en total, entre 4 - 8 aros, 1 – 2 bates y 1 - 2 pelotas).

PLANTEAMIENTO INICIAL

El equipo que empezará defendiendo se ubica dentro del campo de juego y el que comenzará atacando estarán fuera de esta zona y BATEARÁN DESDE LA ZONA DE BATEO.

DESARROLLO

LANZAMIENTO: El lanzador (que será un jugador defensor colocado en el centro del cuadrado) lanzará la pelota, tratando de que ésta pase por la zona de bateo y a una altura comprendida entre las rodillas y las axilas del bateador, sin apuntar directamente al cuerpo del bateador. Si lanzara la pelota mal o no pasara por la zona de bateo y no hubiera intento por parte del bateador de batear, se le contará pelota mala al lanzador. Con cuatro malas sobre el mismo bateador, éste tendrá derecho a la 1ª base.

EL BATEO: El bateador (un jugador atacante) bateará las pelotas enviadas por el lanzador desde la zona de bateo. Si tras tres intentos, no batea una pelota buena, será eliminado (out). Los jugadores atacantes, y de uno en uno, batearán la pelota, teniendo que caer dicha pelota dentro del campo de juego para que el bateo sea válido. A partir de ahí, el bateador correrá a primera base para seguir avanzando en orden y anotar carrera. A continuación bateará el segundo atacante y así sucesivamente.

DURACION: 4 - 5 entradas. Tiempo = 45 minutos máximo. No podrá comenzar nueva entrada cuando se alcancen los 45 minutos.

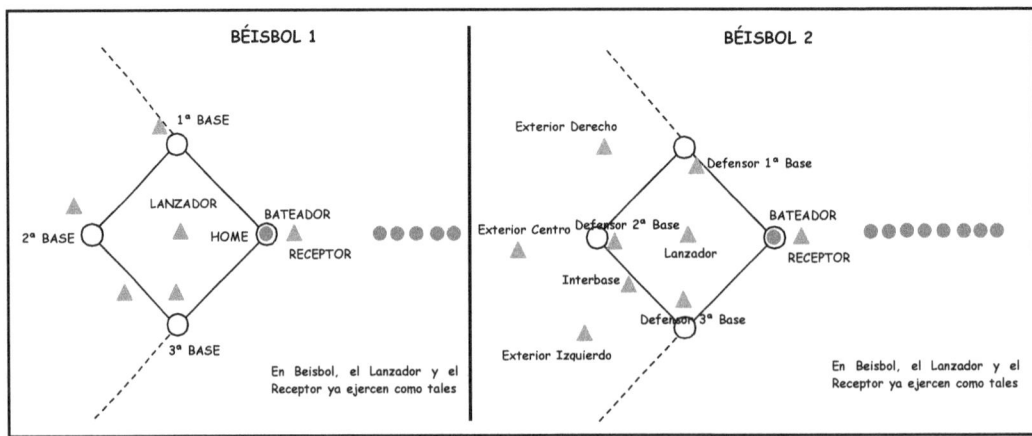

- La pelota enviada correctamente por el lanzador será bateada. Si no es bateada correctamente, será un strike.

- Habrá un receptor del equipo defensor tras el bateador, para recibir las pelotas lanzadas por su lanzador y no bateadas.

- Cambio de roles cuando hayan bateado todos los atacantes, pasando los bateadores a defender y viceversa.

- El equipo atacante consigue una carrera cuando un atacante corre de una base a otra por orden y sin ser eliminado, cumpliendo las reglas.

- Prohibido avanzar más de una base (ni si quiera el bateador). También se les puede permitir avanzar tantas bases como quieran.

- El bateador también podrá ser eliminado cuando su pelota bateada sea capturada al aire por un defensor ("Fly").

- En el caso de un fly, si los corredores permanecen en la base en la que estaban antes de batear su compañero, no serán eliminados con dicho "fly". Pero si han salido de su base, ahora no se detendrá la jugada, sino que deberán volver a pisarla rápidamente, pudiendo ser eliminados. Estos corredores que sí han abandonado su base antes de que la pelota sea atrapada al aire, serán eliminados si un defensor con la pelota en su posesión, toca la base antes de que vuelva a tocarla o pisarla este corredor (corredor ante un fly).

POSIBILIDADES:
- En el caso de que los alumnos no dominen aún las reglas de las eliminaciones:

SIN DISCRIMINACIÓN FORZADOS/ NO FORZADOS (eliminación pisando base antes de que llegue el corredor o dando al corredor fuera de las bases, sin distinguir entre forzados y no forzados).

- En el caso de que los alumnos ya dominan mejor las reglas:

ELIMINACIÓN ADAPTADA: eliminación de forzados pisando base antes de que llegue; y eliminación de no forzado dándoles con la pelota fuera de las bases.

- Y si son alumnos avanzados:

ELIMINACIÓN REGLAMENTARIA: eliminación de forzados pisando base antes de que llegue; y eliminación de ambos dándoles con la pelota fuera de las bases.

Explicar a los alumnos defensores que observen la situación del juego antes de que la pelota sea bateada para, de esta manera, poder identificar a los corredores forzados y no forzados, porque serán eliminados de forma diferente:

- CORREDOR FORZADO: si están ocupadas todas las bases precedentes a la suya.
- CORREDOR NO FORZADO: si no están ocupadas todas las bases precedentes a la suya.
- CORREDOR NO FORZADO A AVANZAR MÁS DE UNA BASE: cuando un corredor forzado, decide avanzar más de una base, se convierte en corredor no forzado, siendo eliminado como tal.

SESIÓN 15. BÉISBOL 3

ACTIVIDAD 30: CAMPEONATO DE BÉISBOL

- Divertirse Jugando y Compitiendo (objetivo prioritario si queremos que nuestros alumnos sigan practicándolo fuera de las aulas).
- Conocer y Practicar el juego del Béisbol.
- Conseguir un Conocimiento Básico del Béisbol.
- Desarrollar el Trabajo en Equipo (colectivo).

CAMPEONATO DE BÉISBOL: En cada partido, 1 Grupo de 18 alumnos y 2 Equipos de 9 alumnos cada uno, con los defensores colocados ya como deben ubicarse en el juego real. Si disponemos de más espacio, incluso se pueden celebrar varios partidos simultáneamente.

Cuadrado de 15 – 18 m. * 15 – 18 m. delimitado por 4 aros (bases) que tendrán un orden (1ª, 2ª, 3ª y 4ª bases) y una Zona de Bateo en la base home del cuadrado.

4 aros, 1 bate y 1 pelota (puede ser de tenis o similar) por grupo.

Similar al de la Sesión 14 de Béisbol.

Similar al de la Sesión 14 de Béisbol.
DURACION: En el caso de que sólo tengamos 2 equipos, 4 - 5 entradas. Si hay más equipos, el partido se disputará a 2 entradas. Tiempo = 45 minutos máximo. No podrá comenzar nueva entrada cuando se alcancen los 45 minutos.

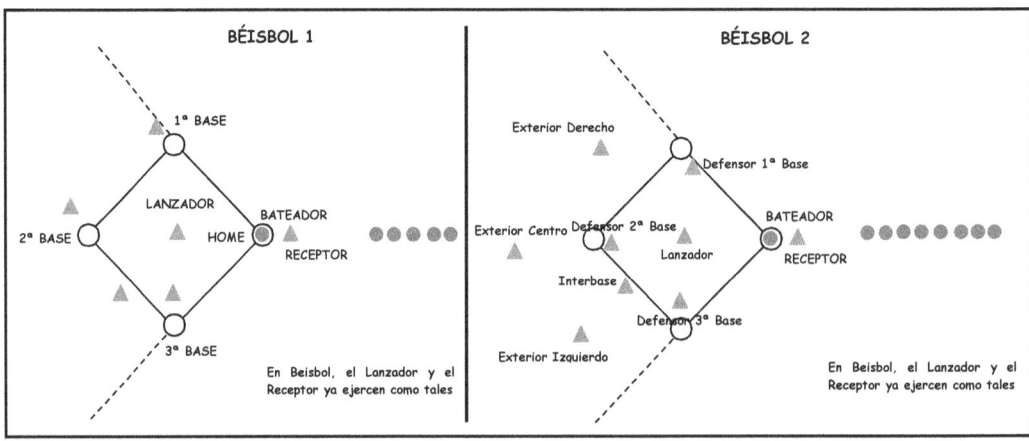

Similar al de la Sesión 14 de Béisbol.

POSIBILIDADES:

- En el caso de que los alumnos no dominen aún las reglas de las eliminaciones:

SIN DISCRIMINACIÓN FORZADOS/ NO FORZADOS (eliminación pisando base antes de que llegue el corredor o dando al corredor fuera de las bases, sin distinguir entre forzados y no forzados).

- En el caso de que los alumnos ya dominan mejor las reglas:

ELIMINACIÓN ADAPTADA: eliminación de forzados pisando base antes de que llegue; y eliminación de no forzado dándoles con la pelota fuera de las bases.

- Y si son alumnos avanzados:

ELIMINACIÓN REGLAMENTARIA: eliminación de forzados pisando base antes de que llegue; y eliminación de ambos dándoles con la pelota fuera de las bases.

Similar al de la Sesión 14 de Béisbol.

Campeonato de PreBéisbol, en el caso de que los alumnos aún no dominen el bateo, o celebrarlo previamente a este campeonato de beisbol.

- OTRA PROPUESTA IGUALMENTE VÁLIDA (DE LA TÁCTICA A LA TÉCNICA)

DE LA TÁCTICA A LA TÉCNICA

- JUEGOS MODIFICADOS 1 (TÁCTICA)
- JUEGOS MODIFICADOS 2 (TÁCTICA)
- BÉISBOL-PIE (TÁCTICA)
- JUEGOS DE INICIACIÓN TÉCNICA 1
- JUEGOS DE INICIACIÓN TÉCNICA 2
- JUEGOS DE INICIACIÓN TÉCNICA 3
- SITUACIONES TÁCTICAS

GIMNASIO O PATIO

- PRE-BÉISBOL
- BÉISBOL

PATIO

DE LA TÁCTICA A LA TÉCNICA

JUEGOS MODIFICADOS 1 (TÁCTICA)

- SESIÓN 1 (3 JUEGOS MODIFICADOS).
- ESPACIO REDUCIDO DE 7 m. ' 7 m.
- POCAS DIFICULTADES TÉCNICAS. PROGRESIVA INTRODUCCIÓN DE REGLAS.
- RECOMENDABLE SIN BATEO.
- SI DECIDIMOS REPETIR ESTA SESIÓN ANTES DE LAS SESIONES DE PRE-BEISBOL Y BEISBOL, SE PUEDEN HACER YA CON UN ESPACIO MAYOR Y CON BATEO.

JUEGOS MODIFICADOS 2 (TÁCTICA)

- SESIÓN 4 (3 JUEGOS MODIFICADOS).
- ESPACIO REDUCIDO DE 7 m. ' 7 m.
- POCAS DIFICULTADES TÉCNICAS. PROGRESIVA INTRODUCCIÓN DE REGLAS.
- RECOMENDABLE SIN BATEO
- SI DECIDIMOS REPETIR ESTA 2 SESIÓN ANTES DE LAS SESIONES DE PRE-BEISBOL Y BEISBOL, SE PUEDEN HACER YA CON UN ESPACIO MAYOR Y CON BATEO.

BÉISBOL-PIE (TÁCTICA)

- SESIONES 7 Y 8 (1 ACTIVIDAD CON VARIANTES).
- ESPACIO: REDUCIDO (7 m. ' 7 m.) / MAYOR 15-18 m. ' 15-18 m.
- PARA UN APRENDIZAJE TÁCTICO Y REGLAMENTARIO.
- REQUISITOS TÉCNICOS MUY SENCILLOS: PATEO DE BALÓN Y COGER-PASAR DICHO BALÓN.

JUEGOS DE INICIACIÓN TÉCNICA 1

- SESIONES 2 Y 3: ATAQUE Y DEFENSA (6 ACTIVIDADES).
- BATEAR, CORRER, COGER Y TIRAR 1.
- OBJETIVO: ser capaces de baear con el soporte, correr las bases, coger la pelota, tirarla y conocer y respetar las reglas del juego.

JUEGOS DE INICIACIÓN TÉCNICA 2

- SESIONES 5 Y 6: ATAQUE Y DEFENSA (6 ACTIVIDADES).
- BATEAR, CORRER, COGER Y TIRAR 2.
- OBJETIVO: ser capaces de automatizar el bateo, correr las bases de forma correcta, coger la pelota de diferentes formas, tirar la pelota.

JUEGOS DE INICIACIÓN TÉCNICA 3

- SESIONES 9 Y 10: ATAQUE Y DEFENSA (6 ACTIVIDADES).
- BATEAR, CORRER, COGER Y TIRAR 3.
- OBJETIVO: ser capaces de batear correctamente, arender a tocar al corredor, perfeccionar el tiro, iniciarse en el pre-beisbol.

SITUACIONES TÁCTICAS

- SESIÓN OPCIONAL.
- ACCIONES DEFENSIVAS BÁSICAS DEL JUGADOR.
- DESPAZAMIENTOS DEL CONJUNTO DE LOS DEFENSORES.

PRE-BÉISBOL

- SESIONES / PARTIDOS 11 Y 12 (1 ACTIVIDAD CON MULTITUD DE VARIANTES).
- BATEO CON SOPORTE (SIN LANZADOR).
- SIN DISCRIMINACIÓN FORZADOS/ NO FORZADOS (eliminación pisando base antes de que llegue el corredor o dando al corredor fuera de las bases, sin distinguir entre forzados y no forzados).
- REQUISITOS TÉCNICOS Y TÁCTICOS BÁSICOS: ATAQUE (bateo con soporte, correr las bases), DEFENSA (coger la pelota, tirarla, pisar las bases y dar al corredor fuera de base con la pelota).
- CONOCIMIENTO BÁSICO DEL REGLAMENTO DE PRE-BÉISBOL.

BÉISBOL

- SESIONES / PARTIDOS 13 Y 14 (1 ACTIVIDAD CON MULTITUD DE VARIANTES).
- BATEO SIN SOPORTE (CON LANZADOR).
- CON DISCRIMINACIÓN FORZADOS / NO FORZADOS.
- PROGRESIÓN EN LAS ELIMINACIONES:
- PARTIDO 1 (SESIÓN 13).ELIMINACIÓN ADAPTADA: eliminación de forzados pisando base antes de que llegue; y eliminación de no forzado dandoles con la pelota fuera de las bases.
- PARTIDO 2 (SESIÓN 14).ELIMINACIÓN REGLAMENTARIA: eliminación de forzados pisando base antes de que llegue; y eliminación de ambos dándoles con la pelota fuera de las bases.
- REQUISITOS TÉCNICOS Y TÁCTICOS AVANZADOS: ATAQUE (bateo con lanzador, correr las bases correctamente), DEFENSA (coger la pelota desde diferentes posiciones, tirarla con precisión, pisar las bases y dar al corredor fuera de base con la pelota con rapidez y corrección).
- CONOCIMIENTO BÁSICO DEL REGLAMENTO DE BÉISBOL.

- ANEXOS

DICCIONARIO BÁSICO

BUNT: Toque de bola; Es una pelota bateada a la cual no se trata de golpear fuerte, sino que intencionalmente rueda suave dentro del cuadro.

CAJÓN: Líneas dibujadas en la tierra donde se sitúa el bateador durante su turno al bate.

CATCHER: Receptor; jugador defensivo que se encarga de atrapar los lanzamientos del lanzador.

COACH: Guía; entrenador ayudante que se sitúa cerca de la primera o de la tercera base para ayudar a los corredores en su tarea ofensiva.

FILDEAR: Coger; Acción de atrapar la pelota. Habilidad necesaria para atrapar la pelota, sobre todo cuando se refiere a pelotas que vienen de roleta (rodando). Coger pelotas bateadas (rodadas o elevadas).

FILDEADOR. Cualquier jugador defensivo.

FLY: **Englobado, pelota al aire, *pop*, globo, volea**; pelota bateada que se eleva en el aire, sin haber tocado el suelo.

FOUL-BALL: Pelota bateada fuera del terreno válido de juego. Las líneas de *foul-ball* se dibujan partiendo de *home* hasta llegar al final del terreno de juego, pasando por primera y tercera base.

HIT: Batazo bueno, que permite al bateador-corredor llegar, al menos, a primera.

HOME: Base desde la que se inicia el turno de bateo y la carrera del bateador corredor, y a la que debe volver sin ser eliminado para anotar una **carrera**. A sus dos lados se encuentran los dos cajones (uno para derechos, otro para bateadores zurdos).

HOME-RUN: **Cuadrangular**; Batazo válido que permite al bateador anotar una carrera legalmente. Si la pelota buena bateada pasa por encima de la valla de *home-run* es un *home-run* cantado. También se puede conseguir corriendo más que la defensa a por una pelota difícil. HOME RUN = JONRON = CUADRANGULAR.

INFIELD: Cuadro; el cuadro es aquella parte del terreno en territorio bueno, que incluye áreas normalmente cubiertas por jugadores del cuadro (infielders).

INFIELDER: Jugadores del cuadro; jugadores que juegan en el cuadro. Son 1ª base, 2ª base, 3ª base e interbase (ó parador corto/short stop).

INNING: Entrada; cada uno de los turnos de defensa y ataque que le corresponden a un equipo. En cada entrada cada equipo batea y defiende una vez.

MANAGER: Entrenador principal.

OUT: Jugador atacante eliminado.

OUTFIELDER: Exteriores; jugadores que juegan más allá del cuadro. Exterior derecho, izquierdo y central.

PITCH: Lanzamiento; Acción del lanzador, lanzando sobre home, ante un bateador.

PITCHER: **Lanzador**; jugador encargado de tratar de eliminar, con sus lanzamientos y la ayuda del receptor, a los bateadores.

PITCHER-PLATE: **Goma del lanzador**; plataforma situada en medio del montículo del lanzador, desde donde éste debe efectuar sus lanzamientos.

ROBO: Cuando un corredor avanza de una base a la siguiente sin que se haya producido un batazo o un error de la defensa. ROBO. Robo es el acto de un corredor que intenta avanzar durante un lanzamiento.

ROLLING: **Roleta, roletazo**; pelota bateada que va rodando por tierra. ROLLING. Pelota bateada que rueda o rebota sobre el terreno de juego.

RUN OR SCORE: Carrera; es la anotación hecha por un jugador de ofensiva que avanza de bateador a corredor y toca primera, segunda, tercera y home, en este orden.

SAFE: Quieto; es una declaración por el árbitro de que el corredor tiene derecho a la base que trataba de alcanzar.

SHORT STOP: Interbase.

STRIKE: Pelota que lanza el lanzador en dirección al receptor y que entra dentro de los márgenes de la zona de *strike*, delimitada por la anchura (en toda su profundidad) del home y por una altura entre las rodillas y la zona de las axilas del bateador.

También es *strike* si el bateador intenta golpear una bola, y no le da, vaya por donde vaya dicha bola.

Y también se cuentan como el primer y segundo strike, aunque nunca como el tercero y definitivo (en béisbol, que sí en minibéisbol), las bolas bateadas fuera del terreno bueno.

STRIKE OUT: **Ponche, poncho**; jugador eliminado por tres *strikes*.

SWING: **Pasar el palo, abanicar**; acción del bateador cuando intenta golpear sin conseguirlo a un lanzamiento del pitcher. SWING. Conjunto de movimientos para golpear la pelota (acción de batear).

TIRO. Es el acto ejecutado por un defensor cuando tira la bola a otro defensor.

TOQUE: Jugada ofensiva donde el bateador intenta golpear la pelota con suavidad dentro de terreno bueno, de manera que los defensores tengan problemas para eliminarlo a él o a un compañero (toque de sacrificio, en este caso).

UMPIRE: **Árbitro**; encargado de dirigir el juego y de velar por el cumplimiento de las reglas.

ZONA DE STRIKE: Es el espacio sobre el home, comprendido entre las axilas y la parte superior de las rodillas del bateador cuando asume su posición de batear.

REGLAMENTO. ACLARACIÓN CONCEPTUAL

REGLAMENTO DE PRE-BÉISBOL (REAL FEDERACIÓN ESPAÑOLA DE BÉISBOL Y SÓFBOL)

REGLA 1º.- Pueden participar en los juegos de Pre-béisbol, los niños y niñas de categoría pre-benjamín, benjamín y alevín.
REGLA 2º.- Los equipos no "deben" estar integrados por más de 15 jugadores, ni menos de 12, pudiendo ser mixtos.
REGLA 3º.- El juego tiene lugar entre dos equipos: el que batea (atacante) y el de campo (a la defensiva).
REGLA 4º.- Cada uno de los equipos tendrá un entrenador que numerará a los jugadores por orden de bateo y les asignará un puesto en el campo.
REGLA 5º.- Los 9 jugadores iniciales deberán ser sustituidos durante el juego hasta posibilitar que cada jugador participe al menos en dos entradas completas. En caso de cambio por lesión o expulsión, al jugador entrante (sustituto), se le cuenta como entrada completa.
REGLA 6º.- Dos personas deberán actuar como guías en las líneas de base, exclusivamente a la altura de la primera y tercera base. Pero en la zona de foul o terreno malo. Y con el propósito de dirigir a los jugadores en el turno de bateo.

REGLA 7º.- Los jugadores defensivos han de procurar hacer "eliminaciones" para que los contrarios no hagan carreras. Es decir, el equipo a la defensiva tratará de eliminar a los corredores y/o bateadores del equipo contrario (atacante), tratando que estos no alcancen las bases inmediatas. Intentando que la pelota llegue a estas antes que el corredor (si este es forzado a correr) o tocándole con la pelota fuera de las bases. Así como cogiendo pelotas bateadas en el aire.
REGLA 8º.- El equipo que esté en el banco, fuera del terreno de juego, será el equipo que ataca y podrá anotar carreras. El objetivo principal del equipo atacante, será batear la pelota dentro del terreno bueno y fuera del alcance del equipo que defiende, con el propósito de poder ganar las bases, una a una, hasta llegar al "home" (base inicial-meta).
REGLA 9º.- Los juegos reglamentarios tienen una duración de cinco entradas. Pero no deberán superar los 75 minutos. No pudiendo comenzar una nueva entrada después de los 75 minutos.
REGLA 10º.- Cuando ambos equipos hayan completado un turno en defensa y otro en ataque, se terminará una entrada.
REGLA 11º.- Durante las 2 primeras entradas, el equipo que defiende pasará a atacar cuando hayan bateado todos los jugadores del equipo contrario (a la ofensiva). No se cuentan los eliminados, sólo las carreras. Durante las 3ª y 4ª entradas, se jugará a 3 eliminaciones o 5 carreras, de forma que si el equipo defensor consigue hacer 3 eliminaciones, pasará a atacar, así como, cuando el equipo atacante haga 5 carreras, pasarán a defender. En la 5ª entrada no habrá límite de carreras, cerrando al turno al bate, a los tres eliminados.
REGLA 12º.- Para finalizar las dos primeras entradas, el último bateador del orden al bate (noveno bateador), tendrá que ser eliminado por su acción.
REGLA 13º.- Si la anotación está empatada al término del encuentro, el juego será declarado empatado.

REGLA 14º.- Cada uno de los jugadores del equipo atacante, bateará en el orden que el entrenador haya comunicado al árbitro, anotador y entrenador del equipo contrario (por escrito). En el caso de las sustituciones, el jugador sustituto ocupará el sitio de orden de bateo del jugador sustituido.
REGLA 15º.- En el orden de bateo, constarán los siguientes datos: a) Orden de bateo. b) Posición en el campo. c) Nombre y apellidos de los jugadores. d) Número del uniforme de los mismos, que será indispensable ostentar. e) Número de licencia. f) Firma del entrenador.
REGLA 16º.- El bateador intentará batear la pelota colocada sobre el soporte de bateo, que estará situado a 30 cm. de distancia detrás del Home y en línea con el mismo. Deberá hacerlo después de que el lanzador haga el movimiento de lanzamiento hacia el bateador, pero sin pelota. La pelota en el soporte estará a, una altura entre 65 cm y 1,30 metros. Si tras tres intentos, no-batea pelota buena, quedará eliminado.
REGLA 17º.- Frente al soporte de bateo se marcará un semicírculo a cinco metros de este, entre la línea de tercera base y la línea de primera base. Cualquier bola bateada que se quedará dentro de estos límites, será pelota mala; strike, quedando la pelota muerta.
REGLA 18º.- La pelota bateada será buena cuando caiga dentro del terreno bueno, sobre las bases, o sobre las líneas de fuera más allá de 1ª o 3ª base.

REGLA 19º.- La pelota bateada será mala cuando caiga fuera del terreno bueno, o si cae dentro y luego sale fuera, entre Home y 1ª base o entre Home y 3ª base. Contándole como un "strike".

REGLA 20º.- El bateador debe golpear la pelota sin derribar el soporte de bateo. Si derriba éste, o parte de éste sale despedido o expulsado se le cantará strike. Pero, si la pelota es cogida en el aire, sin que bote, tanto en terreno bueno como en terreno malo, el bateador quedará eliminado.

REGLA 21º.- Cada jugador podrá intentar por 3 veces consecutivas una pelota buena. De no realizarlo, será eliminado.

REGLA 22º.- El intento fallido de golpear la pelota, será cantado como strike. Igualmente, toda acción de batear suavemente la pelota (toque de pelota), será considerada strike. Tres strikes = eliminación.

REGLA 23º.- En el caso de que la pelota bateada sea buena (terreno bueno), el bateador abandonará el Home y tratará de alcanzar la 1ª base antes de que la pelota esté en poder del defensor de esa base, y este se encuentre en contacto con la base. En caso contrario será eliminado.

REGLA 24º.- Los jugadores del equipo de bateo que no estén bateando, aguardarán su turno en el banquillo. Y no podrán abandonarlo salvo para ir a batear.

REGLA 25º.- Cuando una pelota bateada, sea cogida en terreno bueno o malo, por el equipo a la defensiva sin que toque el suelo, el bateador-corredor será eliminado. Volea.

REGLA 26º.- Cualquier corredor será eliminado en una volea bateada, que sea atrapada por el equipo a la defensiva sin que bote en el suelo la pelota, si deja de retocar su base original, antes que él o su base original sea tocada. "Retocar" en esta regla significa pisar y salir del contacto con la base después de que la pelota sea atrapada.
No existe el "infield fly" (volea al cuadro).

REGLA 27º.- Igualmente será eliminado, estando la pelota en juego, mientras avanza o retorna a una base, y deja de tocar cada base en orden, antes de que él o la base que no tocó sean tocados. Estas son jugadas de reclamación (26º y 27º). Es decir: si el equipo a la defensiva no reclama, no se produce violación sancionable de las presentes reglas.

REGLA 28º.- El corredor deberá pisar las bases en el orden siguiente: 1ª base, 2ª base, 3ª base y base de meta (home). Si un corredor adelante al precedente, será eliminado.

REGLA 29º.- El corredor que llegue a la base meta, después de pisar las cuatro bases del cuadrado, conseguirá una carrera (punto) para su equipo.

REGLA 30º.- En cada base sólo podrá haber un corredor.

REGLA 31º.- Un corredor solamente podrá abandonar su base cuando el bateador haya golpeado la pelota.

REGLA 32º.- El corredor que abandone su base antes de que la pelota sea bateada, será eliminado.

REGLA 33º.- Después de que una pelota sea bateada de foul (fuera), el corredor regresará inmediatamente a su base.

REGLA 34º.- Si el terreno de juego no está delimitado (cerrado), el equipo local pondrá los límites del campo en presencia del árbitro y del entrenador del equipo contrario.
Regla aprobada: Cualquier pelota bateada que salga fuera de los límites establecidos, al bateador y/o corredores precedentes si hubiera, se les otorgarán dos bases automáticas a partir del momento en que la pelota haya salido de los límites (siempre sobre la acción del bateador se otorgarán bases extras).
Ejemplo: Si el bateador-corredor logra pisar la primera base y después sale la pelota de los límites establecidos; al bateador y/o corredores se les otorgarán dos bases a partir de la primera base conseguida por el bateador, en este caso el bateador alcanzaría la tercera base y los corredores avanzarían hasta home. Nota: Si el bateador no logra pisar la primera base antes de que la pelota bateada salga fuera de los límites acordados; al bateador y demás corredores se les otorgarán dos bases automáticas. Es decir el bateador alcanzaría la segunda base.

REGLA 35º.- Si la pelota saliera de los límites establecidos producto de UN MAL TIRO o COGIDA de un defensor, se determinará de la siguiente manera:
- Si es sobre la acción del bateador, a éste se le otorgará una base. Ahora bien, si el bateador-corredor fuerza a cualquier corredor precedente a avanzar una base extra más, así será considerado.
- Si es sobre cualquier corredor, solamente este o estos avanzarían una base extra a partir de la base anteriormente conseguida.

REGLA 36º.- En una jugada forzada, el corredor será eliminado si no consigue tomar contacto con la base, antes de que tenga posesión de la pelota el defensor de la base (y éste, esté en contacto con la base). Es jugada forzada, cuando los corredores se ven obligados a correr en un batazo del bateador.

REGLA 37º.- Cuando un jugador del equipo a la defensiva toca con la pelota a un jugador contrario, que se deje sorprender fuera de la base o cuando aún no ha llegado, el corredor tocado es eliminado.

REGLA 38º.- Un corredor es eliminado, cuando sale fuera de la línea de bases para evitar ser tocado.
REGLA 39º.- Los siguientes artículos anteriores de este reglamento: 16º, 20º, 21º, 22º, 23º, 25º, 26º, 27º, 28º y 32º.

REGLA 40º.- Ningún jugador del equipo a la defensiva sobrepasará la línea imaginaria que une la 1ª y la 3ª bases, hasta que el bateador, haya bateado la pelota colocada sobre el soporte.
REGLA 41º.- El receptor se colocará a una distancia segura (2 metros) del soporte, frente al bateador, cuando haya que batear y cerca de la base de Home cuando la pelota esté en el campo.
REGLA 42º.- El receptor se encargará de que la pelota vuelva lo antes posible al soporte: cuando comience el juego, cuando se interrumpa el juego, y al cambiar después de cada entrada.

REGLA 43º.- El árbitro vigilará que se cumplan las reglas de juego.
REGLA 44º.- El árbitro será el responsable de la buena marcha del juego y de la seguridad durante el mismo, y si lo considera oportuno podrá interrumpirlo gritando ¡tiempo!.
REGLA 45º.- Podrá haber uno, dos, tres o cuatro árbitros.
REGLA 46º.- El árbitro principal se situará a tres metros detrás del soporte de bateo y los árbitros de base, que decidirán sobre las bases, próximos a éstas.
REGLA 47º.- Los árbitros de base establecerán: Si el corredor es eliminado o no. De no serlo gritará ¡"Quieto"!. Si la pelota bateada en terreno bueno o terreno fuera. Si el corredor ha salido antes o después de que el bateador haya bateado la pelota en forma válida.
REGLA 48º.- Una vez finalizado el partido, el equipo local se dirigirá a tercera base. Y el equipo visitante a primera base. Para que a una orden del árbitro y en fila india se encuentren en mitad del cuadrado los dos equipos. Saludando inicialmente al público y posteriormente entre ellos.
REGLA 49º.- El árbitro decidirá en cuantas situaciones se presenten y no estén contempladas en el presente Reglamento.

REGLAMENTOS DE BÉISBOL – PIE Y DE BÉISBOL

El reglamento del Pre-Béisbol será similar con el del Béisbol-Pie y con el del Béisbol, con las siguientes diferencias:

BÉISBOL-PIE

El lanzador (que será un jugador defensor) lanzará el balón rodando por el suelo, tratando de que éste pase por encima de la línea señalada a 2 m. de la base home. Si lanzara el balón botando o este no pasara por encima de la línea y no hubiera intento por parte del pateador de chutarlo, se le contará malo (balón). Con cuatro malos (balones) sobre el mismo pateador, éste tendrá derecho a la 1ª base.

El pateador (un jugador atacante) chutará los balones que pasen rodando por encima de la línea señalada a 2 m. del home. Si tras tres intentos, no chuta un balón bueno, será eliminado (out). El pateador deberá chutar desde detrás de la línea. Y no podrá coger carrera para chutar. Si hiciera esto, se le cantará strike y el balón está muerto.

Los jugadores atacantes, y de uno en uno, patearán el balón desde la señal marcada, teniendo que caer dicho balón dentro del campo de juego para que el pateo sea válido. A partir de ahí, el lanzador correrá a primera base para seguir avanzando en orden y anotar carrera. A continuación pateará el segundo atacante y así sucesivamente.

BÉISBOL

El lanzador (que será un jugador defensor colocado en el centro del cuadrado) lanzará la pelota, tratando de que ésta pase por la zona de bateo y a una altura comprendida entre las rodillas y las axilas del bateador, sin apuntar directamente al cuerpo del bateador. Si lanzara la pelota mal o no pasara por la zona de bateo y no hubiera intento por parte del bateador de batear, se le contará pelota mala al lanzador. Con cuatro malas sobre el mismo bateador, éste tendrá derecho a la 1ª base.

El bateador (un jugador atacante) bateará las pelotas enviadas por el lanzador desde la zona de bateo. Si tras tres intentos, no batea una pelota buena, será eliminado (out). Los jugadores atacantes, y de uno en uno, batearán la pelota, teniendo que caer dicha pelota dentro del campo de juego para que el bateo sea válido. A partir de ahí, el bateador correrá a primera base para seguir avanzando en orden y anotar carrera. A continuación bateará el segundo atacante y así sucesivamente.

ACLARACIÓN CONCEPTUAL

Explicar a los alumnos defensores que observen la situación del juego antes de que la pelota sea bateada para, de esta manera, poder identificar a los corredores forzados y no forzados, porque serán eliminados de forma diferente:

si están ocupadas todas las bases precedentes a la suya por compañeros y están obligados a avanzar base tras el bateo. Es eliminado por un defensor de 2 maneras: pisando éste último la base a la que está obligado a avanzar el corredor antes de que dicho corredor la alcance, pero el defensor que lo elimine debe tener la pelota en su posesión; o tocándolo fuera de las bases

si no están ocupadas todas las bases precedentes a la suya y no están obligados a avanzar base tras el bateo. Es eliminado por un defensor tocándolo fuera de las bases.

cuando un corredor forzado, decide avanzar más de una base, se convierte en corredor no forzado, siendo eliminado como tal.

el bateador también podrá ser eliminado cuando su pelota lanzada sea capturada al aire por un defensor.

en el caso de un fly, si los corredores permanecen en la base en la que estaban antes de batear su compañero, no serán eliminados con dicho "fly". Pero si han salido de su base, ahora no se detendrá la jugada, sino que deberán volver a pisarla rápidamente, pudiendo ser eliminados. Estos corredores que sí han abandonado su base antes de que la pelota sea atrapada al aire, serán eliminados si un defensor con la pelota en su posesión, toca la base antes de que vuelva a tocarla o pisarla este corredor. Cuando un jugador del equipo a la defensiva toca con la pelota a un jugador contrario, que se deje sorprender fuera de la base o cuando aún no ha llegado, el corredor tocado es eliminado.

Por tanto, será

- Eliminación de forzados pisando base antes de que llegue; y eliminación de ambos dándoles con la pelota fuera de las bases.
- Eliminación del bateador cuando su pelota lanzada sea capturada al aire por un defensor.
- Eliminación de un corredor ante un fly: si antes de producirse un fly han salido de su base, ahora no se detendrá la jugada, sino que deberán volver a pisarla rápidamente, pudiendo ser eliminados. Estos corredores que sí han abandonado su base antes de que la pelota sea atrapada al aire, serán eliminados si un defensor con la pelota en su posesión, toca la base antes de que vuelva a tocarla o pisarla este corredor o si es tocado por un defensor con la pelota en su poder.

CONOCIMIENTOS TÁCTICOS Y TÉCNICOS BÁSICOS

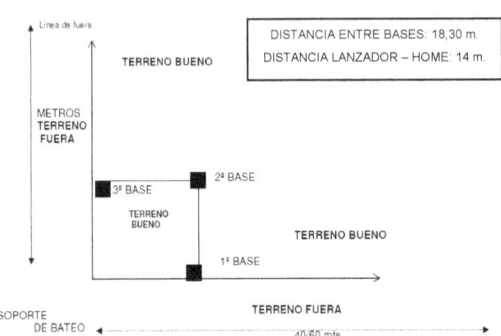

ESPACIO IDEAL: El PreBéisbol o el Béisbol se pueden practicar en cualquier espacio libre de cierta amplitud, tal y como una pista polideportiva, una cancha, un campo con hierba, etc., siempre que el suelo sea suficientemente homogéneo y nivelado.

El espacio destinado al juego se divide en dos:

- **TERRENO BUENO:** es el espacio comprendido en el interior de las líneas de fuera (estás líneas deberán estar marcadas). Dentro del terreno bueno se diseñará el cuadrado, que consiste en un espacio cuadrangular de 18,30 metros de lado en cuyas esquinas se dispondrán las bases: Primera base; segunda base, tercera base y base de meta (home). El punto de partida y de destino de los jugadores es la meta (home).
- **TERRENO FUERA:** es aquel situado fuera de los límites señalados.

Los cuatro fundamentos básicos del PreBéisbol / Béisbol son:
- **FUNDAMENTOS OFENSIVOS:** BATEAR Y CORRER.
- **FUNDAMENTOS DEFENSIVOS**: COGER Y TIRAR.

En cualquier deporte de equipo, incluido el beisbol, las FASES DEL JUEGO son: ATAQUE y DEFENSA. Estas dos fases generan dos situaciones con unos principios:

EN ATAQUE:

Mi equipo está al bate, soy atacante y DEBO:
- Batear la pelota (sin ser eliminado) fuera del alcance de los jugadores a la defensiva.
- Avanzar (correr) una, dos, tres o todas las bases sin ser eliminado.
- Anotar una carrera (un tanto).

Los jugadores, mientras están con el bate en la mano, se denominan bateadores, pero cuando han bateado la pelota válidamente se convierten en corredores.

EN DEFENSA:

Mi equipo está en el campo, soy defensor y DEBO:
- Coger la pelota bateada.
- Evitar el avance del contrario enviando la pelota a mis compañeros del cuadro (de las bases).
- Realizar eliminados:
- Coger en el aire una pelota bateada.
- Enviar la pelota al defensor de la base antes de que llegue el corredor.
- Tocar con la pelota a los contrarios fuera de la base.

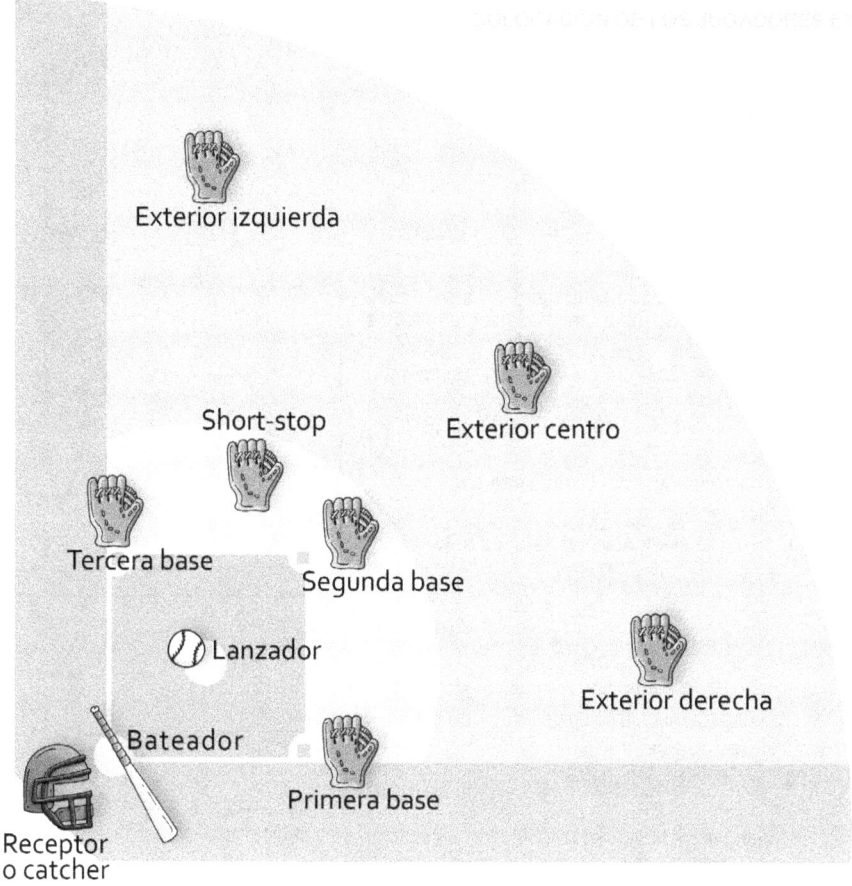

1. **Lanzador:** Encargado de comenzar el juego. Tiene que esperar que el árbitro dé comienzo al mismo con la voz de "juego". En el caso de que sea Prebéisbol, el lanzador ha de simular el gesto de lanzar la pelota en dirección al receptor.

2. **Receptor:** Encargado de defender el *home*. Se ha de colocar detrás del soporte de batear / bateador en cuclillas, protegiéndose la cara con el guante (si lo tiene). Según si el bateador es diestro o zurdo se colocará a un costado u otro, para proteger su integridad.

3. **Primera Base:** Encargado de defender la primera base.

4. **Segunda Base:** Responsable de defender la segunda base.

5. **Tercera Base:** Defensor de la tercera base.

6. *Short-stop:* Juega entre la segunda y la tercera. Defiende prioritariamente la segunda base, haciéndolo en estrecha colaboración con ese defensor la segunda.

7. **Exterior Izquierda:** Defensor del campo exterior en su parte izquierda.

8. **Exterior Centro:** Defensor del campo exterior en su parte central.

9. **Exterior Derecha:** Defensor del campo exterior en su parte derecha.

	1	2	3	4	5	T
EQUIPO VISITANTE	0	2	3	5	0	10
EQUIPO LOCAL	4	6	2	0	---	12

ACTIVIDADES DE CALENTAMIENTO Y DE APLICACIÓN TÉCNICO - TÁCTICA

INQUILINO

OBJETIVO: Resistencia.
APLICACIÓN AL BÉISBOL: Ocupación de bases.
Nº JUGADORES: Grupos de 3.
ESPACIO: Gimnasio, patio, pista.
MATERIAL: Ninguno.
DESARROLLO:

Por tríos y formando un gran círculo entre todos los tríos. Los de dentro son "pared derecha", los de fuera "pared izquierda" y los del centro "inquilino".

PARED DERECHA: los de dentro (pared derecha) buscan otra casa.

PARED IZQUIERDA: los de fuera (pared izquierda) buscan otra casa.

INQUILINO: los del centro (inquilinos) buscan otra casa.

TERREMOTO: todos buscan otra casa.

MÁS DIVERTIDO con 1-2 alumnos libres en medio del círculo sin casa.

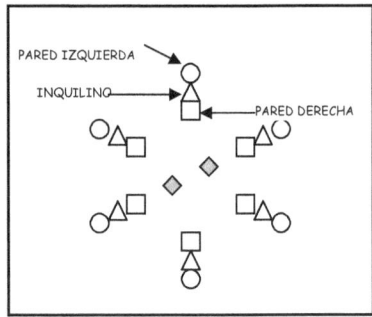

LAS VIDAS

OBJETIVO: Resistencia.
APLICACIÓN AL BÉISBOL: Carreras y eliminación de corredores.
Nº JUGADORES: 3 grupos de 8, divididos a su vez en 6 subgrupos de 4.
ESPACIO: Gimnasio, pista, patio…
MATERIAL: 3 balones blandos, 12 conos.
DESARROLLO:

3 partidas simultáneas (en cada partida se enfrentan 2 equipos de 4). Los que defienden (situados en los extremos) tratan de dar con el balón a los que atacan (en el centro).

1 PUNTO (para equipo atacante) cada vez que 1 atacante golpea con el balón a 1 defensor (no hay eliminados).

1 VIDA (-1 punto para equipo atacante) cuando un defensor logra coger con sus manos y sin que se le caiga la pelota lanzada por 1 atacante y a continuación consigue darle con ella a 1 atacante.

Cambio de papeles cada 5'. Se puede hacer cambio cada 10' para enfrentarnos a otro equipo, ganando al final el equipo de 4 que más puntos tenga.

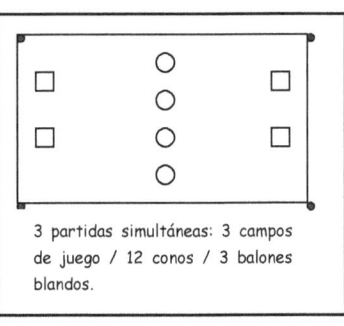

3 partidas simultáneas: 3 campos de juego / 12 conos / 3 balones blandos.

VARIANTES:

- 1 sola partida donde juegan los 3 equipos de 8 al mismo tiempo, 1 de los 3 grupos se la queda y está en los extremos, tratando de darles a cualquiera de los otros 2 grupos (en ese caso, los miembros de ese grupo pasan a quedársela).
- Sólo 2 la llevan (en los extremos) y toda la clase en medio. Si uno de los extremos da a uno del centro, éste último pasará a un extremo. Las vidas igual. Luego igual, pero con 2 balones.

PALMAS CORRIDAS

OBJETIVO: Resistencia y Velocidad
APLICACIÓN AL BÉISBOL: Carreras y eliminación de corredores.
Nº JUGADORES: 4 grupos de 5 – 6.
ESPACIO: Gimnasio, pista, patio.
MATERIAL: Ninguno.
DESARROLLO:

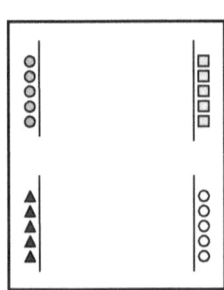

En 2 grupos, un miembro del equipo se va al equipo contrario, va tocando las manos y al que le dé más fuerte sale a correr detrás de él. Si le coge se van al equipo del que agarra, y si no, al contrario.

EL JUEGO DE LOS PASES

Coordinación óculo – manual, mejora de técnica.
Lanzar y capturar pelotas.
4 grupos de 5 – 6.
Gimnasio, pista, patio.
Pelota de tenis (o similar).

4 equipos de 5-6 alumnos c. u. (2 equipos se enfrentarán en una mitad del campo de baloncesto o pista, y otros 2 equipos se enfrentarán en la otra mitad). Si veo que un equipo es muy inferior, realizaré los cambios oportunos.

- Se trata de dar el mayor número de pases seguidos cumpliendo las normas y evitando que sea robado por el equipo contrario.

- Prohibido para jugadores atacantes (del equipo CON posesión del balón): botar la pelota, desplazarse con ella, salirse del campo con la pelota (en esos casos será falta, y sacará el equipo contrario desde el lugar donde se ha cometido la infracción). Permitido pivotar.

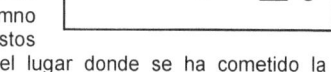

- Prohibido para jugadores defensores (del equipo SIN posesión de pelota): estar a menos de 1 metro del atacante con pelota, tocar al alumno con pelota o a la pelota si está en las manos de un atacante (en estos casos será falta, y sacará nuevamente el equipo atacante desde el lugar donde se ha cometido la infracción).

(poco a poco):
- Prohibido para atacantes: tener la pelota el mismo jugador más de 5'', pasar la pelota al compañero que me lo acaba de pasar.

LOS 10-15 PASES: mismas normas, pero ahora el equipo que consigue dar 10 -15 pases consecutivos sin perder el la posesión del balón, obtiene 1 punto.

LOS 10-15 PASES CON GOL: mismas normas de "Los 10-15 pases", pero si además de conseguir dar 10-15 pases consecutivos cumpliendo las normas, le paso la pelota a un compañero que esté tras la línea contraria: 5 puntos (este juego lo puedo hacer en una sesión entera).

ACTIVIDADES DE ESTIRAMIENTOS (DESPUÉS)

BÉISBOL ESCOLAR

UN JUEGO POPULAR SIMILAR AL BÉISBOL: LA BILLARDA

TIPO DE JUEGO: de lanzamiento de precisión y locomoción.
Nº JUGADORES: 12 (divididos en 2 equipos de 6).
MATERIAL: 1 mocho (tabla plana con mango) y 1 billarda (palo cilíndrico afilado por las puntas) por cada juego.
TERRENO (Espacio): cualquiera que sea llano.
PALABRAS CLAVE: billarda y mocho.
OTROS DATOS: cuando el lanzador va haciendo cada uno de los 4 intentos de golpeo del extremo de la billarda va diciendo en voz alta: "una a la luna, dos al sol, tres a la estrella y cuatro vete a por ella".

Se sortea el saque. Un miembro del equipo ganador saca. Coloca la billarda en el círculo (donde sólo está él). La golpea con el mocho en uno de sus extremos afilados para que salte y se eleve. Para ello dispone de 4 intentos. Cuando la billarda (en cualquiera de esos 4 intentos) está en el aire, este jugador vuelve a golpearla para lanzarla lo más lejos posible. A partir de ahí, los jugadores que están fuera del círculo (tanto los del equipo que saca como los del contrario) tratarán de capturar la billarda. Si el que saca no consigue en ninguno de esos 4 intentos golpear en el aire la billarda, sacará un miembro del equipo contrario y no se sumarán puntos en esa tirada.

PUNTUACIÓN:
Si coge al aire la billarda un compañero del mismo equipo al que la ha golpeado: 2 puntos y sigue sacando el mismo equipo.

Si la coge al aire uno del equipo contrario al que ha efectuado el saque: 1 punto y recuperación de saque.

Si la coge uno del mismo equipo al lanzador pero tras golpear el suelo, en este caso, este equipo debe meterla en el círculo: 1 punto y continúan sacando.

Si la coge tras golpear el suelo uno del equipo contrario al que ha efectuado el saque, en este caso dicho equipo debe introducirla en el círculo: 1 punto + recuperación de saque.

Nota aclaratoria: el equipo contrario al que ha cogido la billarda cuando ésta ha caído al suelo, ha de tratar de evitar que dicho conjunto (el poseedor de la billarda) la introduzca en el círculo y arrebatársela de forma legal para, de este modo hacerlo ellos, y así recuperar el saque y anotarse 1 punto. En el círculo no habrá ningún jugador.

Cuando la billarda cae al suelo al recuperarla:
Vale: Tirar la billarda directamente al círculo o pasársela a otro compañero.
No vale: Desplazarse con ella. Tocar al jugador que la tiene (hay que estar a 1 m. de él). Salirse del campo de juego.

(terreno y colocación en él): liso y libre.

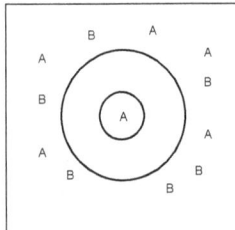

En el círculo pequeño sólo estará el lanzador antes de lanzar y tras el lanzamiento soltará el mocho dentro del círculo y saldrá de éste, donde no podrá haber ningún jugador. Si la billarda es cogida al aire se acabará directamente ese punto.

El círculo mayor no se puede invadir en el momento del saque, para evitar que se pongan los compañeros del sacador, y éste les pase la billarda.

1 mocho

1 billarda

Copiad una ficha como ésta para anotar los resultados del juego (esto lo hará un alumno que no pueda realizar la práctica):

	EQUIPOS							
	A				B			
P U N T O S								

El que saca se queda en el círculo. Así, en el caso de que la billarda sea cogida tras caer al suelo por el equipo adversario, al intentar dicho equipo introducirla en el círculo, el sacador tratará de evitarlo golpeándola en el aire con el mocho y alejándola así del círculo.

BIBLIOGRAFÍA

ANDERSON, B. (2001): *Estirándose*. Ed. Integral, 2º Edición. Barcelona.

BLASCO, J. (1999): *Guía de Fiestas de Interés Turístico Regional*. Junta de Extremadura. Consejería de Medio Ambiente, Urbanismo y Turismo.

BRUGGER, L.; BUCHER, W.; SCHMID, A. (1992): *1000 ejercicios y juegos de calentamiento*. Ed. Hispano Europea. Barcelona.

CORIA, R. (1998): *PreBÉISBOL. La actividad física y deportiva extraescolar en los centros educativos*. Ed. Ministerio de Educación y Cultura, Secretaría General Técnica. Madrid.

DEVÍS, J.; PEIRÓ, C. (1992): *Nuevas perspectivas curriculares en educación física: la salud y los juegos modificados*. Ed. Inde. Barcelona.

GÓMEZ, F.; MORALES, R. (1999): *Expresión Corporal. Pequeña Biblioteca Ilustrada de Educación Física para la E.S.O. (Volumen I)*. Editores Extremeños. Llerena.

GÓMEZ, F.; MORALES, R. (2003): *Los Juegos Populares. Extremadura y sus Juegos: Pequeña Biblioteca Ilustrada de Educación Física para la E.S.O. (Volumen II)*. Editores Extremeños. Llerena.

MORALES, R. (1999): *Cuaderno del Alumno para Educación Física. 3º E.S.O.* C.P.R. de Azuaga. Llerena.

MORENO, C.; MATA, D; GÓMEZ, J. (1993): *Aspectos recreativos de los juegos y deportes tradicionales en España*.

RUIZ, J. (1991): *Juegos y deportes alternativos en la programación de Educación Física Escolar*. Ed. Agonos. Lérida.

SÁNCHEZ, F. (1992): *Bases para una didáctica de la educación física y el deporte*. Ed. Gymnos. Madrid.

VARIOS (1997): *Juegos Populares Extremeños*. Grupo de Trabajo "La Pica". C.P.R. de Badajoz. Badajoz.

VARIOS (1999): *Los Juegos Populares y Tradicionales en el Área de Educación Física*. Centros de Profesores y de Recursos de Brozas y Cáceres. Cáceres.

APUNTES:

- Apuntes de LORENZO JIMÉNEZ GOMARIZ: *La enseñanza comprensiva del prebéisbol. De las cuatro esquinas al prebéisbol*.

ÍNDICE

- PRÓLOGO 7
- INTRODUCCION 9
- PROPUESTA PARA APRENDER A JUGAR INTERCALANDO TÁCTICA CON TÉCNICA.. 11
- OTRA PROPUESTA IGUALMENTE VÁLIDA (DE LA TÁCTICA A LA TÉCNICA)................. 64
- ANEXOS.. 68
    - DICCIONARIO BÁSICO 68
    - REGLAMENTO. ACLARACIÓN CONCEPTUAL 70
    - CONOCIMIENTOS TÁCTICOS Y TÉCNICOS BÁSICOS.............................. 74
    - ACTIVIDADES DE CALENTAMIENTO (ANTES) Y DE APLICACIÓN TÉCNICO- TÁCTICA . 76
    - ACTIVIDADES DE ESTIRAMIENTOS (DESPUÉS) 78
    - UN JUEGO POPULAR SIMILAR AL BÉISBOL: LA BILLARDA 80
- BIBLIOGRAFÍA 82

www.ingramcontent.com/pod-product-compliance
Lightning Source LLC
Chambersburg PA
CBHW080921180426
43192CB00040B/2662